ANTES QUE SEJA TARDE

Como proteger nossos filhos das escolhas erradas

CELIA LASHLIE

2014, Editora Fundamento Educacional Ltda.

Editor e edição de texto: Editora Fundamento
Arte de capa: Zuleika Iamashita
Editoração eletrônica: Bella Ventura Design e Eventos Ltda. (Lorena do Rocio Mariotto)
CTP e impressão: Mark Press Brasil Indústria Gráfica
Tradução: Aulis Traduções S/S Ltda. (Cecília Camargo Bartalotti)

Copyright © 2005, 2007 Celia Lashlie
Publicado originalmente em inglês no ano de 2005 por HarperCollins Publishers New Zealand Limited.
Esta edição em língua portuguesa foi publicada em acordo com HarperCollins Publishers New Zealand.
Os direitos morais da autora foram assegurados.

Todos os direitos reservados. Nenhuma parte deste livro pode ser arquivada, reproduzida ou transmitida em qualquer forma ou por qualquer meio, seja eletrônico ou mecânico, incluindo fotocópia e gravação de backup, sem permissão escrita do proprietário dos direitos.

Dados Internacionais de Catalogação na Publicação (CIP)
(Maria Isabel Schiavon Kinasz)

Lashlie, Celia
L343   Antes que seja tarde : como proteger nossos filhos das escolhas erradas / Celia Lashlie; [versão brasileira da editora] – 1. ed. – São Paulo, SP : Editora Fundamento Educacional Ltda., 2014.

Título original: He´ll be OK : growing gorgeous boys into a good men

1. Adolescentes – Psicologia 2. Adolescentes – Conduta de vida 3. Criação de crianças 4. Pais e adolescentes I. Título.

CDD 155.5 (22. ed)
CDU 159.922.8

Índices para catálogo sistemático:
1. Adolescentes : Psicologia 155.5

Fundação Biblioteca Nacional

Depósito legal na Biblioteca Nacional, conforme Decreto nº 1.825, de dezembro de 1907.
Todos os direitos reservados no Brasil por Editora Fundamento Educacional Ltda.

Impresso no Brasil

Telefone: (41) 3015 9700
E-mail: info@editorafundamento.com.br
Site: www.editorafundamento.com.br

Este livro foi impresso em papel pólen soft 80 g/m² e a capa em papel-cartão 250 g/m².

Impressão e acabamento: Mark Press Brasil

ANTES QUE SEJA TARDE

Como proteger nossos filhos
das escolhas erradas

CELIA LASHLIE

SUMÁRIO

Prefácio por Barbara Holborow — 7
Esclarecimento — 10
Introdução
O início da jornada — 11
Capítulo 1
O que foi o Projeto Bom Homem? — 17
Capítulo 2
O mundo maravilhoso das escolas masculinas — 32
Capítulo 3
Sobre meninos: o que se passa na cabeça deles — 48
Capítulo 4
A ponte da adolescência: do 7º ao 12º Ano — 64
Capítulo 5
Forças externas: álcool, drogas, esportes – e garotas — 85
Capítulo 6
Pragmatismo adolescente: por que eles fazem o que fazem — 99
Capítulo 7
Intuição e sabedoria: os talentos ocultos — 111
Capítulo 8
Pare de preparar o lanche dele: o que as mães devem fazer — 123
Capítulo 9
Quando o pai não está presente: a jornada da mãe sozinha — 144
Capítulo 10
Assunto de homens: deixando acontecer — 153
Capítulo 11
Crescer como um bom homem: o que é necessário — 169

Prefácio

Fui convidada recentemente a organizar um café da manhã para pais de alunos de uma escola fundamental de Gosford. A maioria desses pais viajava pelo menos 50 quilômetros todos os dias até Sydney para trabalhar, o que significava que saíam de casa antes de os filhos terem tomado o café da manhã e voltavam à noite, quando eles estavam fazendo o dever de casa. Vários pais haviam conversado com o diretor da escola sobre sua preocupação pelos filhos estarem crescendo sem a presença deles.

A escola reconheceu, sabiamente, a necessidade de que esses pais participassem mais da vida cotidiana dos filhos. Como a maioria dos pais nunca havia se encontrado, a escola queria aproximá-los e ver se tinham pontos em comum. O problema seria apenas a falta de tempo para a convivência, a falta de comunicação? Ou os pais estavam mais comprometidos com o trabalho do que com os filhos?

Primeiramente, falei sobre meus 25 anos de experiência como advogada representando crianças e, depois, como juíza auxiliar no Juizado de Menores. Em seguida, abri a reunião para discussões. Convidei os homens presentes a me fazerem as perguntas que quisessem. Podiam me perguntar sobre meu trabalho no tribunal, ou sobre como era ser uma mulher enfrentando homens que, em minha opinião, não valiam nada como pais. Ou podiam simplesmente falar sobre o que a paternidade significava para eles.

Foi difícil no começo. Uma mão subiu; depois, lentamente, mais uma. Mas, logo que o primeiro pai falou sobre o maior problema que enfrentava – como se comunicar com o filho –, as comportas se abriram. Ninguém mais se preocupava em levantar a mão. Todos conversavam entre si, demonstrando sua concordância com movimentos de cabeça ao perceber que compartilhavam os mesmos medos e preocupações. E, então, um pai se pronunciou dizendo que, se todos sentiam a mesma coisa, talvez também pudessem procurar soluções juntos.

Trocaram números de telefone; combinaram de ir juntos aos jogos esportivos em vez de cada um usar o próprio carro; falaram de se locomover para Sydney em grupo; compartilharam sugestões: talvez os meninos pudessem fazer o dever de casa antes do jantar, assim a família se sentaria junto à mesa para a refeição; ou quem sabe a TV pudesse ser desligada. Mais tarde, ao sair, eu soube que o café da manhã tinha sido um sucesso quando ouvi um grupo organizando um fim de semana de acampamento com os filhos – com entrada proibida para mulheres.

Aquele dia me ensinou algo que está explicado no livro de Celia Lashlie. Como se aprende sobre o modo como meninos – e homens – pensam, ou agem? Pergunta-se a eles. Foi nesse aspecto que a experiência anterior de Lashlie, trabalhando com homens no sistema prisional, mostrou-se de grande valia para ela. Em *Antes que seja tarde*, os meninos revelam verdades nunca antes ditas. Eles mostram que vão direto ao ponto, não se distraem com o que consideram questões irrelevantes, não têm tempo para se demorar nas coisas.

Este é um livro sobre como meninos verbalizam – ou não – como eles expressam raiva – ou não. E, radicalmente, é um livro sobre a relação pai-filho. Não é um livro antimães; ele simplesmente reconhece a importância da interação entre os pais e seus filhos. Estamos nos conscientizando cada vez mais da importância desse vínculo quando um menino busca um herói, um ídolo, alguém que compreenda o que é ser um garoto. E quem melhor para esse papel que o pai?

Eu costumava acreditar que, se fosse possível engarrafar a força da pressão exercida pelos colegas sobre os meninos adolescentes, conseguiríamos enviar um homem à Lua, mas Celia Lashlie afirma que é o senso de lealdade dos meninos que é forte; tão forte que eles preferem ficar do lado de um colega a decepcioná-lo, por mais maluca que a ideia seja. Depois de ler este livro, agora acho que ela está certa: a lealdade é uma grande força que move os meninos.

Nem todos, talvez, concordarão com as descobertas de Celia Lashlie, mas este é um livro que permanecerá com você até muito depois que o tiver lido. O compromisso dela com uma pesquisa cuidadosa é evidente nas conclusões e conselhos que oferece para lermos e considerarmos. Sei que acrescentei um valioso livro de referência à minha biblioteca, um livro que me convence de que meninos não são tão misteriosos quanto alguns querem nos fazer acreditar, que há razões por trás de suas ações, que eles podem crescer como bons homens. Como eu sei disso? Porque Celia me contou.

Barbara Holborow
Sydney, 2006

Esclarecimento

Prezado leitor,

A escritora deste livro realizou toda a sua pesquisa na Nova Zelândia, onde o sistema educacional funciona de modo similar ao sistema brasileiro. E, portanto, a tabela abaixo foi criada com o propósito de facilitar a leitura e a compreensão sobre a faixa etária tratada no livro.

\	EQUIVALÊNCIA ESCOLAR			
Brasil		Idade	**Nova Zelândia**	
Ensino Infantil	-	5	1º ano	Ensino Primário
Ensino Fundamental	1º ano	6	2º ano	Ensino Primário
	2º ano	7	3º ano	Ensino Primário
	3º ano	8	4º ano	Ensino Primário
	4º ano	9	5º ano	Ensino Primário
	5º ano	10	6º ano	Ensino Primário
	6º ano	11	7º ano	Ensino Primário
	7º ano	12	8º ano	Ensino Primário
	8º ano	13	9º ano	Ensino Secundário
	9º ano	14	10º ano	Ensino Secundário
Ensino Médio	1º ano	15	11º ano	Ensino Secundário
	2º ano	16	12º ano	Ensino Secundário
	3º ano	17	13º ano	Ensino Secundário

Fontes: Ministério da Educação (www.mec.gov.br) e Ministry of Education of New Zealand (http://www.minedu.govt.nz/NZEducation).

INTRODUÇÃO

O início da jornada

Alguns meses atrás, quando eu ainda estava pensando se haveria algum mérito real em escrever um livro sobre o que havia aprendido como resultado de minha participação no Projeto Bom Homem, sentei-me em um café e observei a interação entre um homem e os três filhos pequenos, com idades entre 4 e 8 anos. Escutando despudoradamente a conversa deles, entendi que a mãe dos meninos havia passado a responsabilidade ao pai naquela manhã.

O que chamou minha atenção foi o jeito muito tranquilo com que o pai lidava com três meninos extremamente cheios de energia. Ele lhes deu tempo à vontade para se sentarem nas cadeiras que escolhessem e falou clara e lentamente com eles sobre o que poderiam pedir para comer e beber. Esperou sem pressa que eles fizessem suas escolhas e não pareceu ficar incomodado quando, mais de uma vez, eles se distraíam com alguma outra coisa no café movimentado. Quando o menino mais novo desceu da cadeira para investigar algo que tinha visto no chão, o pai apenas lhe pediu calmamente que voltasse a se sentar, o que a criança fez no seu próprio tempo; nenhum incidente aconteceu nesse intervalo.

Quando a comida chegou, o pai ajudou no necessário, mas, de maneira geral, deixou os meninos se virarem sozinhos e não se irritou quando, como já se previa, as coisas ficaram um pouco difíceis. Permitiu que eles saíssem da mesa depois de terminar de comer, sem nunca sair correndo atrás para impedi-los de fazer qualquer coisa em que estivessem entretidos, mas sempre de olho neles e trazendo-os para o seu alcance quando julgava necessário. Os meninos pareciam relaxar com a calma do pai, sabendo intuitivamente até onde podiam ir antes que ele os chamasse de volta. A voz do pai era o limite deles: ele sabia disso e os meninos também. Enquanto observava, não pude deixar de imaginar como as coisas poderiam ter sido diferentes se os meninos estivessem em companhia da mãe ou de outra mulher.

Uma semana ou duas mais tarde, embarquei em um avião e, no outro lado do corredor em minha fileira, estavam um homem e seu filho, um menino de uns 10 anos. A mãe do menino e o irmão mais novo, de uns 4 anos, estavam sentados atrás de mim.

O pai e o filho conversavam em um tom de voz baixo sobre o avião e o que estava acontecendo lá fora na pista e, enquanto nos preparávamos para decolar, vi o pai pegar a mão do filho e segurá-la na sua, provavelmente para tranquilizá-lo. Depois que o avião subiu, começou um falatório do assento atrás de mim, com a mãe perguntando continuamente sobre o bem-estar do filho mais velho. Pelo menos a cada dois ou três minutos, ou assim me parecia, ela indagava ao pai se o menino estava "bem", enquanto, ao mesmo tempo, esforçava-se para manter um agitado garoto de 4 anos sob controle.

Talvez eu esteja sendo um pouco dura com a mulher, mas ela parecia estar atrapalhando os esforços do pai para se relacionar de forma positiva e pacífica com o filho. Depois de fazer inúmeros questionamentos e comentários sobre o bem-estar do menino, ela começou a contestar o marido. Quando ele pedia café à comissária de bordo, do outro lado do corredor (e com uma fila atrás!), ela dizia: "Mas você não prefere chá?" Parecia ter decidido que precisava participar de tudo que acontecia com os dois filhos, enquanto, ao mesmo tempo, tentava controlar o que o marido escolhia para beber.

De certo modo, a comparação entre esses dois incidentes me incentivou a escrever este livro. Eu me considero uma feminista: vejo o feminismo como o direito das mulheres a seguir o caminho que escolherem sem que seu gênero seja, de forma alguma, um empecilho para isso. A direção que escolhi seguir na vida foi fortemente influenciada pelo desejo de ser livre, trabalhando, ao mesmo tempo, para assegurar essa mesma liberdade a todos com quem eu entrava em contato. Considero extremamente importante que minha liberdade não venha à custa da de outra pessoa. Infelizmente, minha experiência dentro do Projeto Bom

> A BUSCA PELA INDEPENDÊNCIA/LIBERDADE FEMININA COMPROMETEU NOSSA PERCEPÇÃO DOS HOMENS E DA MASCULINIDADE.

Homem deixou-me com a impressão de que a busca pela independência/liberdade feminina comprometeu nossa percepção dos homens e da masculinidade.

Em agosto de 2002, publiquei *The Journey to Prison: Who Goes and Why*, um livro que fui convencida a escrever devido a um crescente interesse, em várias comunidades, pela questão do encarceramento e dos problemas a ele associados. As opiniões sobre crime e castigo que eu ouvia sendo expressas havia alguns anos pelos meios de comunicação e nas conversas em geral pareciam pouco esclarecedoras e achei que poderia ser útil compartilhar algo do que descobri enquanto trabalhava no mundo das prisões.

Desde que escrevi aquele primeiro livro, tenho estado em outra jornada que me levou do mundo das prisões para o mundo das escolas masculinas e me permitiu desfrutar plenamente o encanto que são os meninos adolescentes. A jornada envolveu o trabalho em várias escolas masculinas da Nova Zelândia no Projeto Bom Homem, que foi criado com o objetivo de facilitar a discussão dentro e entre as escolas masculinas sobre o que significa ser um bom homem no século 21.

A intenção era que fosse um trabalho curto, envolvendo "umas poucas" escolas masculinas durante "uns poucos" meses, mas o projeto cresceu e, em dezoito meses entre setembro de 2002 e março de 2004, trabalhei em 25 escolas masculinas por toda a Nova Zelândia. Foi uma experiência incrível, que me ensinou muito tanto sobre mim mesma como sobre meninos adolescentes e o mundo que eles ocupam. Acabou se revelando um verdadeiro contraste com o tempo que passei em alas prisionais, onde com frequência eu lamentava o potencial desperdiçado dos jovens que estava conhecendo.

Durante o Projeto Bom Homem, discussões sobre o conceito de masculinidade contemporânea prosperaram entre professores, pais e os próprios alunos. Então, percebeu-se que era o momento certo para debater essa questão.

Quando o projeto estava sendo discutido, eu o encarava com olhos de uma mulher que, em seu papel de mãe que criou dois filhos sozinha, lidou razoavelmente bem com os percalços da jornada da filha pela adolescência, mas perdia regularmente o rumo ao acompanhar o filho na mesma fase. Com essa experiência ainda muito viva na mente, eu estava ansiosa para participar, por razões tanto profissionais como pessoais.

Depois de visitar as 25 escolas, fiz um relatório para os diretores que resumia minhas descobertas, identificando o que suas escolas faziam muito bem no esforço para educar jovens rapazes e oferecendo algumas ideias sobre o que poderiam fazer melhor. A resposta ao relatório foi extremamente positiva, e várias iniciativas em andamento nas escolas são resultado direto de minha participação no projeto.

O que nem os diretores nem eu prevíamos era o nível de interesse que os pais e as mães dos alunos envolvidos demonstrariam pelo projeto e seus resultados. Ao longo da visita a cada escola, costumávamos convidar os pais para uma reunião a fim de explicar o projeto, incluindo as diretrizes que estavam sendo seguidas e por que a escola estava investindo nisso. O grau de comparecimento era sempre bom, e, em alguns casos, significativamente acima do que esperávamos. O que eu falava sobre seus filhos eram coisas que soavam muito familiares. Por isso, risadas e momentos "ahã" eram comuns nas discussões.

E, então, concordei em escrever um segundo livro, para trazer as descobertas do projeto e as histórias dos alunos para a comunidade e refletir sobre como poderíamos trabalhar juntos de maneira mais eficiente para manter os jovens seguros enquanto seguiam pela montanha-russa que é a adolescência masculina.

Também escrevi o livro para homenagear os homens, suas habilidades, sua intuição, seu pragmatismo e seu humor, e sua extraordinária capacidade de se tornar meninos de novo de um momento para o outro, qualquer que seja a idade. Também quero sugerir às mulheres, em particular às mães, que, consciente ou inconscientemente, elas estão impedindo os homens de usar seus talentos na criação dos filhos. A resposta para as coisas que mais nos preocupam em relação a nossos meninos está em reconhecer quem eles são, em vez de tentar fazer deles o que não são.

Parecemos estar perdendo uma quantidade excessiva de nossos jovens para o suicídio, para a prisão e para mortes horríveis nas estradas. Um número significativo dos que estão na prisão são jovens – jovens com enorme potencial, que tomaram decisões estúpidas como parte da busca pela masculinidade. Essas decisões os levaram para dentro dos muros da prisão e causaram dor e sofrimento para inúmeros outros, entre eles suas vítimas e suas próprias famílias.

Quando penso no potencial desperdiçado dos que morreram nas estradas e no modo como suas famílias foram destruídas, sou levada mais uma vez a me perguntar o que precisamos fazer para impedir tantas perdas no futuro. Só posso esperar que este livro contribua

> UM NÚMERO SIGNIFICATIVO DOS QUE ESTÃO NA PRISÃO SÃO JOVENS – JOVENS COM ENORME POTENCIAL, QUE TOMARAM DECISÕES ESTÚPIDAS COMO PARTE DA BUSCA PELA MASCULINIDADE.

para a discussão que já ocorre nas famílias e comunidades sobre como reduzir as estatísticas negativas e possibilitar que mais de nossos incríveis meninos cresçam para se tornar bons homens.

Este livro só foi possível devido à generosidade dos diretores que, tendo demonstrado discernimento já ao concordarem em participar do projeto, dispuseram-se a compartilhar com um público maior informações que, por direito, pertencem às escolas.

Acima de tudo, escrevi este livro na tentativa de compartilhar as descobertas que fiz do mundo das escolas masculinas e do comportamento dos meninos adolescentes. Eles são criaturas maravilhosas, cheias de potencial. Podem nos enlouquecer quando se precipitam desordenadamente para a vida adulta e depois decidem que querem continuar meninos só mais um pouquinho e voltam a brincar, fazendo com que muitas vezes nos perguntemos se eles, ou nós, conseguiremos chegar bem ao seu vigésimo aniversário. Mas também são indivíduos perspicazes, que trazem na cabeça as respostas para muitas das perguntas que temos a respeito deles, e que podem nos mostrar o caminho a seguir se nos dispusermos a parar tempo suficiente para lhes fazer a pergunta... e então esperarmos com boa vontade (e silenciosamente) pela resposta.

CAPÍTULO 1

O que foi o Projeto Bom Homem?

O Projeto Bom Homem nasceu de uma discussão animada ocorrida em uma Conferência de Diretores de Escolas Masculinas sediada pelo Nelson College, uma inovadora e respeitada escola masculina particular de ensino médio da Nova Zelândia, em setembro de 2001. A conversa centrou-se em questões como "Qual a definição de um bom homem?", "Qual a essência de ser homem?" e "O que significa ser um jovem no mundo de hoje?"

Como mencionei, o objetivo do projeto era desenvolver uma definição operacional do que significa ser um bom homem no século 21, uma definição que, esperava-se, pudesse influenciar a educação oferecida pelas escolas aos seus alunos.

Depois de trabalhar em presídios masculinos por alguns anos, eu havia concluído que, para muitos jovens, a prisão torna-se um rito de passagem, o lugar para onde vão como resultado de suas tentativas desorientadas de provar para os adultos à sua volta, e para si mesmos, que são homens. Eles não vão para a prisão deliberadamente; vão quase por acidente, tendo escolhido se envolver em comportamentos que veem como másculos sem parar para considerar as prováveis consequências. Esses comportamentos incluem beber álcool em grandes quantidades, brigar para defender a própria honra ou a dos colegas e dirigir em alta velocidade.

Depois de quinze anos no sistema prisional da Nova Zelândia, comecei a trabalhar um pouco mais de perto com adolescentes em situação de risco e fiquei cada vez mais interessada em investigar os ritos de passagem que poderiam ser usados para interromper o fluxo de jovens às nossas prisões. Um projeto do qual participei levou-me ao Nelson College. Enquanto percorria os corredores pela primeira vez, perguntei-me como uma escola masculina tradicional como aquela lidaria com seus alunos em situação de risco. Quando esses meninos se tornavam problemáticos, eles simplesmente os transferiam para o colégio misto local mais próximo, voltavam as costas para eles e concentravam-se nos alunos cujo progresso refletisse bem para a escola? Ou faziam tentativas genuínas de atender às necessidades desses alunos mesmo quando as coisas ficavam difíceis?

Ao longo das visitas regulares que eu estava fazendo à escola, comecei a debater essa questão com o diretor, Salvi Gargiulo, que, era fácil perceber, tinha um entusiasmo legítimo pelos meninos e sua educação. Durante uma de nossas conversas, falei sobre a prisão, ligando-a aos ritos de passagem masculinos. Quase pude ver o cérebro de Salvi se retesando quando coloquei as palavras "Nelson College" e "prisão" na mesma frase. Sua resposta à ideia de que poderia haver alguma conexão entre as duas coisas foi falar da longa e respeitada história da escola. Minha resposta imediata foi que, apesar da longa história, eu havia conhecido alguns dos antigos alunos da escola em minha vinda anterior. Isso focou um pouco a discussão e continuamos a conversar e rir.

Em um ponto da conversa, eu me vi falando sobre como, em minha opinião, os homens haviam se tornado silenciosos: não ouvimos a voz deles em debates sobre meninos e masculinidade tanto quanto costumávamos ouvir. A resposta de Salvi: "Precisamos mesmo de uma revolução masculina, não é?" Eu olhei bem para ele e disse: "É, vocês precisam." Então, de uma maneira bem característica de homem, ele sorriu para mim e perguntou: "Será que você não poderia fazer isso para nós?" As mulheres que estiverem lendo entenderão isso como uma típica resposta masculina nessas circunstâncias, ou seja, de que algo precisa ser feito e, se eu esperar tempo suficiente e aplicar um pouco de pressão psicológica, talvez ela faça por mim.

Minha resposta à sugestão de que eu liderasse uma revolução masculina foi um imediato não, algo que pareceu surpreender Salvi. Eu então expliquei que era de uma revolução dos homens que estávamos falando. "Eu sou mulher. Nós, mulheres, fizemos nossa revolução e vencemos. Estamos até governando o país agora." Sem se deixar perturbar por essa pequenina falha em seu plano, ele olhou para mim e perguntou: "Bom, se você não quer liderar a revolução, quer pelo menos vir à Conferência de Diretores de Escolas Masculinas que vou sediar?"

Essa pergunta recebeu de mim um segundo não. "Vão ser uns sujeitos chatos e aborrecidos. Só vão querer falar de rúgbi e eu já passei tempo suficiente no serviço prisional para ter cumprido minha parte de falar de rúgbi. E, de qualquer modo, eles não vão estar interessados em nada que eu tenho a dizer. Desde o momento em que eu entrar, vão me classificar como uma feminista lésbica radical e assim será." A expressão de Salvi nesse ponto sugeriu que ele estava se perguntando que parte dessa classificação poderia estar errada. Depois de um pouco mais de discussão sobre o assunto, Salvi me convenceu de que seria útil eu conhecer seus colegas, então concordei em passar uma hora com eles.

Fui para ficar uma hora, passei o dia inteiro e gostei muito. Eles não queriam falar só de rúgbi e não pareceram me classificar como uma feminista lésbica radical – bem, pelo menos, não que eu pudesse detectar. Também não foram uns sujeitos chatos e mal-humorados. Eram homens inteligentes e articulados com claro interesse e entusiasmo pela educação de meninos. Demonstraram um senso de humor bastante desenvolvido e revelaram-se perfeitamente capazes de debater ideias novas e desafiadoras.

Durante a conversa com os 14 diretores presentes naquela reunião em setembro de 2001, fiz uma comparação entre o mundo das escolas masculinas e o mundo das prisões e desafiei os participantes a conduzir o debate que a sociedade atual deve fazer sobre a masculinidade no século 21. O que a masculinidade envolve? Como um menino se torna um homem? Que papel homens como eles, em posições de liderança em um ambiente masculino, têm ou devem ter para ajudar os meninos a atravessar a ponte da adolescência?

Parecia-me que os diretores estavam (e ainda estão) muito bem posicionados para identificar e oferecer ritos de passagem mais positivos, ritos de passagem que celebrem a masculinidade em vez de aviltá-la, aumentando, ao mesmo tempo, as chances de que os jovens façam uma travessia segura para a vida adulta.

Na discussão do conceito de masculinidade no mundo atual, alguém no grupo disse as palavras "bom homem". Na mesma hora, perguntei qual seria a definição de um bom homem e, naquele momento, recebi a primeira lição sobre a diferença real entre os gêneros: 14 homens ficaram se entreolhando em torno da mesa, em completo silêncio. Sendo uma mulher, pressupus naturalmente que o silêncio significava que eles não sabiam a resposta para a pergunta. Afinal, se eu tivesse pedido a 14 mulheres a definição de uma boa mulher, tenho a certeza razoável de que as respostas teriam começado quase imediatamente, seguidas por um debate vigoroso. Mas a questão não era que os homens não sabiam a resposta; eles ficaram em silêncio porque estavam pensando.

> A DIFERENÇA MAIS IMPORTANTE ENTRE HOMENS E MULHERES É QUE NÓS, MULHERES, PENSAMOS E FALAMOS AO MESMO TEMPO.

A diferença básica entre homens e mulheres? Esqueça a biologia ou o que quer que você possa pensar que constitua a principal diferença entre os gêneros. Aprendi naquele momento, e continuei a aprender ao longo do projeto, que a diferença mais importante entre homens e mulheres é que nós, mulheres, pensamos e falamos ao mesmo tempo. Descobrimos o que pensamos sobre um determinado assunto falando sobre ele. Começamos a discussão da questão em um ponto, vamos falando sobre ela com outra pessoa, em geral outra mulher, e, com frequência, terminamos em um ponto completamente diferente (com os homens ao nosso redor muitas vezes resmungando que vivemos mudando de opinião). Na verdade, não estamos mudando de opinião: estamos simplesmente estabelecendo o que pensamos – em voz alta. Os homens, por outro lado, pensam, depois falam, e há muitas vezes um espaço vazio, às vezes um enorme espaço vazio, entre os dois processos. Em termos de comunicação eficaz entre os gêneros, é aí que frequentemente o problema começa. Nós, mulheres, sentimos a existência do espaço vazio e nos adiantamos imediatamente para preenchê-lo, falando com o homem e interrompendo seus processos de pensamento.

Isso não tem nada a ver com inteligência. Ninguém precisa se sentir ofendido por eu estar sugerindo que um gênero é naturalmente mais inteligente que o outro. Tudo isso tem a ver com o processo. Nós apenas pensamos de modo diferente.

Houve, portanto, uma longa pausa, e então, de repente, a conversa decolou e lá se foram eles. "Não seria ótimo ter uma definição de um bom homem? O que você acha que isso poderia envolver?" O debate ficou animado. Como mulher, eu estava um pouco surpresa por não haver ainda uma definição que eles pudessem propor de imediato, e comentei isso. "Ei, gente, milhares de mulheres em todo o país estão lhes entregando seus filhos homens na esperança de que vocês ajudem a educá-los para a vida adulta e a transformá-los em bons homens, e vocês não têm a menor ideia do que estão fazendo." "Ah, não, não", responderam eles, "Nós temos *alguma* ideia." Tenho que admitir que não fiquei aliviada.

Salvi reconheceu o valor da conversa e, quando o dia ia chegando ao fim, os participantes concordaram que eu deveria voltar em um futuro não muito distante para continuar a discutir com eles esse tópico e ver se algo poderia ser feito para levar a ideia adiante. E assim nasceu o Projeto Bom Homem. Em discussões subsequentes, concordamos que conversas seriam necessárias e que valia a pena explorar mais a ideia da masculinidade e dos ritos de passagem dentro do laboratório que eram as escolas masculinas. Como essas conversas ocorreriam foi algo que confiamos ao desenrolar da situação. O que precisávamos fazer era trabalhar nos primeiros passos e o restante viria como consequência. E foi assim que aconteceu.

O plano era que todas as escolas secundárias masculinas da Nova Zelândia fossem convidadas a participar do que estávamos classificando como uma pesquisa-ação livre (muito livre). Eu passaria três dias em cada escola que quisesse participar do projeto, um tempo que foi considerado razoável para que eu me inteirasse da cultura da instituição. Veria, então, a que rumo as discussões sobre masculinidade me levariam. Inicialmente, seis escolas se dispuseram a experimentar essa ideia (e dispuseram-se a tentar encontrar financiamento) e foi com o apoio delas que o projeto pôde começar. Minha primeira visita aconteceu em setembro de 2002.

Conforme as visitas à primeira meia dúzia de escolas prosseguiam ao longo do quarto trimestre daquele ano escolar e os comentários sobre o projeto começaram a se espalhar, mais oito escolas se inscreveram. Depois, após uma apresentação do projeto e alguns dos resultados preliminares em uma conferência organizada pela recém-formada Associação de Escolas Masculinas em abril de 2003, outras dez escolas se interessaram. O número final de escolas participantes foi 25. Estas incluíam 18 escolas públicas, 4 integradas e 3 particulares. (Escolas integradas são geralmente escolas religiosas que costumavam funcionar como instituições privadas, mas foram integradas ao sistema público e recebem recursos do governo. Embora sigam as exigências curriculares governamentais, mantêm seu caráter religioso ou filosófico próprio.)

O projeto não envolveu nenhum financiamento público. Os diretores e eu concordamos que iríamos atuar fora da burocracia, porque isso significaria menos restrições e formalidades. Não precisaríamos nos preocupar em ser politicamente corretos e poderíamos seguir qualquer caminho que nos aparecesse em termos de ganhar acesso ao mundo dos meninos adolescentes. Minha única preocupação quanto ao funcionamento era assegurar que eu estivesse entrosada com os diretores das escolas, porque eles eram, na verdade, meus empregadores. A ausência completa de burocracia significava que não havia restrições sobre o que eu poderia discutir com os meninos e essa foi uma liberdade que eu vim a apreciar e valorizar.

Todas as escolas participantes entraram no projeto sabendo que teriam que encontrar os recursos necessários em seus orçamentos já apertados. Isso foi algo que achei extraordinário, porque demonstrava seu compromisso com os alunos e funcionários e sua crença de que todos na comunidade escolar se beneficiariam com a participação.

Marcar as visitas, tentando acomodá-las no calendário escolar, mostrou-se uma tarefa complicada. Houve muitas viagens para cima e para baixo no país. A taxa paga por cada escola para participar do projeto foi combinada antecipadamente e incluía um componente de viagem que possibilitou a distribuição das despesas do projeto entre todas as escolas participantes. Para minimizar os custos, quando possível eu combinava uma visita a uma escola com um compromisso de palestra que já estivesse agendado na mesma área, e fiz uso intenso de amigos para me oferecer acomodação. Aquele era um projeto realizado com grande entusiasmo, porém com recursos financeiros muito limitados.

As 25 escolas que participaram do projeto estavam espalhadas por todo o país e envolviam uma diversidade de grupos socioeconômicos. Doze haviam começado como instituições mistas e depois se dividido em escolas masculina e feminina em uma data posterior, essencialmente porque seu espaço físico era pequeno demais para a crescente população escolar.

Apenas uma escola mista participou do projeto e o fez porque a equipe administrativa da escola considerou relevante avaliar o impacto da admissão de meninas em uma escola que só havia deixado de ser uma instituição exclusivamente masculina nos últimos 13 anos de sua história de 150 anos.

O projeto nunca pretendeu avaliar se escolas masculinas são "melhores" para meninos do que escolas mistas. Seu objetivo era identificar os pontos de diferença nas escolas masculinas, incluindo o que elas faziam bem. Esperava-se que essas informações pudessem ajudar os pais a decidir se uma escola mista ou uma escola masculina seria mais adequada para seu filho.

O projeto pretendia que pudéssemos explorar ideias sobre masculinidade em um ambiente só masculino sem ter que parar e perguntar,

> O PROJETO NUNCA PRETENDEU AVALIAR SE ESCOLAS MASCULINAS SÃO "MELHORES" PARA MENINOS DO QUE ESCOLAS MISTAS. SEU OBJETIVO ERA IDENTIFICAR OS PONTOS DE DIFERENÇA NAS ESCOLAS MASCULINAS, INCLUINDO O QUE ELAS FAZIAM BEM.

"E as meninas?" Há e sempre haverá meninos que se darão bem em um ambiente masculino, enquanto outros se desenvolverão melhor em um ambiente misto. É inteiramente possível que dois meninos de uma mesma família possam se ajustar bem aos dois diferentes tipos de escola disponíveis para eles.

Como eu disse, a visita a cada escola durou três dias. Durante esse tempo, conversei com os funcionários e a administração e com a maior variedade possível de estudantes. Na primeira manhã de cada visita, eu explicava as razões do projeto para os funcionários/professores em sua reunião matinal e convidava os que quisessem compartilhar opiniões sobre a educação de meninos, ritos de passagem masculinos e/ou temas associados a discutir suas ideias comigo em grupo ou individualmente em algum momento dos três dias seguintes. Esse convite sempre produzia uma resposta imediata e muito positiva.

Em algumas ocasiões, terminei minha apresentação do projeto propondo aos professores na sala que refletissem sobre o momento em que eles haviam se tornado homens. O silêncio era com frequência constrangedor, até perceberem que eu não queria que revelassem as informações naquele exato momento, mas apenas que pensassem no assunto e, depois de terem encontrado uma resposta para a pergunta, compartilhassem-na com seus filhos, colegas e, talvez, até com suas parceiras.

Depois de deixar claro que eu queria acesso à maior variedade possível de alunos, em termos de idade e desempenho acadêmico, ficava a cargo da escola selecionar com quais classes eu deveria conversar. Tendo ouvido sobre o projeto na reunião de funcionários, muitos professores ofereciam suas classes de imediato, alguns sem dúvida para ter a oportunidade de cuidar de outros assuntos mais urgentes, mas a maioria porque acreditava que sua classe poderia oferecer informações interessantes sobre o mundo dos meninos adolescentes. Em momento algum eu tive que insistir para ter acesso a uma quantidade suficiente de alunos; pelo contrário. Havia um número interminável de pessoas dispostas a participar e o acesso a elas era limitado apenas por meus níveis de resistência e energia.

As conversas com funcionários e professores individuais geralmente começavam com a pergunta "Por que você está trabalhando/lecionando em uma escola de meninos?" e seguiam para a discussão de uma ampla variedade de questões associadas a meninos e sua educação. Ao longo do projeto, conversei com cerca de 110 funcionários/professores individuais e participei de uma série de grupos de discussão agradavelmente animados em várias salas de funcionários/professores das escolas.

Fiquei impressionada com o grau de entusiasmo que eles demonstravam por seu trabalho, e pela educação de meninos em geral, e com sua disposição para ouvir e discutir abertamente novas ideias. Muitas dessas discussões foram fontes de boas risadas para todos nós enquanto explorávamos a realidade de trabalhar na presença de um grande número de meninos adolescentes.

Eu passava com frequência momentos divertidos e de descontração com os homens presentes nas salas de reuniões, com seu humor, com sua espirituosidade e com o modo como se comunicavam de forma não verbal, mas muito clara e sucinta, entre si. Quando os homens estavam à vontade na companhia uns dos outros, reparei que insultos eram trocados com regularidade, frases jocosas eram a norma e as risadas, abundantes.

Nas discussões com os alunos, centrei-me deliberadamente em manter a situação tão tranquila e informal quanto possível, não havendo, portanto, perguntas fixas para trabalhar, mas apenas uma série de tópicos que eu desejava explorar, como sexo, álcool, drogas, relação com os colegas, controle dos pais e planos futuros. Os alunos eram visitados em grupos nas salas de aula e as discussões tinham uma duração definida previamente para essa atividade, em geral entre 45 e 60 minutos. Conversei com cerca de 180 classes de meninos do que equivaleria, no sistema escolar australiano, ao 7º ano (primeiro ano do ensino médio) até o 12º ano (último ano). (O ensino médio na Nova Zelândia tem cinco anos em vez de seis, do 9º ao 13º ano; o 13º ano é equivalente ao 11º e 12º anos na Austrália.) A maioria das conversas foi com os alunos mais velhos.

Logo ficou evidente que, se eu queria obter o melhor dos meninos, não podia anotar nem gravar as conversas. Nas primeiras reuniões em sala de aula, sempre que eu parava para anotar um comentário particularmente divertido (dos quais havia muitos), notava de imediato que havia perdido a atenção de meu público e sempre levava alguns minutos para trazê-los de volta. Com o tempo, aprendi a gravar a frase na cabeça até que o sinal tocasse e os alunos debandassem ruidosamente da sala. Por sorte, as frases eram tão memoráveis que não era difícil mantê-las frescas na memória até que houvesse papel e caneta disponíveis. Essa foi, na verdade, minha primeira lição no projeto: os meninos respondiam melhor a contatos visuais regulares, que lhes assegurava que o que estavam dizendo interessava, era válido, aceitável, e até importante.

Gostei imensamente do tempo que passei em salas de aula. Os alunos me transmitiram algumas informações incríveis, embora com frequência não tivessem de fato consciência da importância e do valor do que estavam comunicando. Às vezes, eram tão ingênuos ao expressar suas opiniões que eu quase ficava paralisada de tanto rir; eles não tinham a menor ideia de por que aquela mulher de meia-idade estava ali na frente deles rindo como louca, mas eu me lembro muito bem do meu esforço para recuperar o fôlego, porque eles eram muito divertidos.

Os alunos mais novos eram perspicazes e seu humor e maneira de encarar a vida esclareceram muitas coisas sobre o processo de amadurecimento dos meninos. Os alunos do 9º ano representaram os maiores desafios em termos de manter alguma aparência de controle da discussão e da classe, embora tenham proporcionado informações extraordinárias. Mas foram as discussões com os alunos mais velhos que tiveram o real potencial de produzir respostas para as perguntas que haviam gerado o projeto. Foi nessas classes que encontrei o tesouro e compreendi o potencial existente nesses jovens que seguiam seu caminho para a vida adulta.

Eu não pedi autorização aos alunos para envolvê-los no projeto, principalmente porque a maioria deles demonstrou nítido interesse desde o momento que a ideia lhes foi apresentada. Antes de eu chegar, o professor explicava por que a aula teria um formato diferente naquele dia e, uma vez que a outra opção seria, por exemplo, assistir a uma aula de física ou inglês, não foi surpresa para mim que eu sempre fosse recebida com entusiasmo. Qualquer aluno que não quisesse participar da discussão poderia simplesmente ficar em silêncio, e alguns o faziam, embora, no fim, não muitos. Vários alunos não falavam diretamente comigo, mas quase todos pareciam conversar com os colegas sobre as ideias em discussão.

Depois de uma apresentação das razões do projeto, eu geralmente começava a discussão perguntando aos alunos por que eles estavam em uma escola masculina e o que viam como as principais diferenças entre eles próprios e as meninas de sua idade – além das diferenças físicas óbvias, eu sempre acrescentava logo.

Em umas poucas ocasiões, alguns dos alunos resolveram testar o meu conhecimento sobre diferenças biológicas básicas entre homens e mulheres. Quando isso acontecia, eu lhes garantia logo que havia feito minhas próprias pesquisas sobre o tema durante vários anos e não precisava que eles me ajudassem a esclarecer a questão. A reação deles nesse ponto geralmente era levar as mãos à cabeça e gemer: a ideia de que uma mulher da minha idade tivesse se envolvido em pesquisas desse tipo era, obviamente, um pouco difícil de digerir.

A discussão geralmente não demorava muito para fluir, desviando-se aqui e ali, mas sempre voltando para os seus relacionamentos com os pais, com as meninas e com os colegas, o cenário de drogas e álcool, as ideias sobre o que é um bom homem e quem na vida deles podia ser considerado um bom homem.

Em vez de tentar conduzir a conversa em alguma direção específica, eu a deixava seguir seu próprio curso, em geral obtendo resultados fantásticos. A discussão muitas vezes perambulava pela sala sem foco muito aparente, até que uma frase maravilhosa aparecia, geralmente de um aluno que não tinha demonstrado estar particularmente interessado na conversa. Quando as sessões se aproximavam do final, eu tentava juntar os fios da discussão e preencher os buracos nas informações que eles haviam me dado fazendo algumas perguntas um pouco mais objetivas. Mas isso nem sempre tinha sucesso. Eles estavam se divertindo tanto explorando os temas que eu havia levantado que muitas vezes resistiam a qualquer tentativa de dar um desfecho à conversa.

Na apresentação do projeto a eles, eu falava sobre o tempo que havia passado trabalhando dentro de prisões e sugeria-lhes a ideia de que muitos jovens neozelandeses, jovens como eles, pareciam ir para a prisão como parte da tentativa de provar sua masculinidade. A menção da palavra "prisão" garantia a atenção imediata dos alunos e eles ficavam sempre muito ansiosos para ouvir qualquer história que eu quisesse contar sobre isso.

Eu não amenizava as descrições sobre a vida na prisão e muitas vezes ficava pensando, depois, como teriam sido as conversas à mesa do jantar naquela noite e se os pais estariam se perguntando o que os filhos andavam aprendendo na escola. Claro que essa rápida preocupação aplicava-se apenas aos alunos mais novos, meninos que ainda tinham o hábito de contar aos pais o que haviam feito durante o dia. Eu não tinha dúvida de que pouco ou nada seria comentado pelos alunos mais velhos, uma vez que meninos adolescentes e conversas à mesa do jantar raramente andam juntos, em especial quando o menino está no estágio de grunhidos monossilábicos do 8º e 9º anos. Na verdade, eu estava bem segura.

Uma das trocas (ou subornos) que eu usava nas salas de aula era sugerir que, se os alunos respondessem às minhas perguntas e conversassem sobre o que eu queria, eu me dispunha a parar a discussão um pouco antes de terminar o tempo e deixá-los fazer qualquer pergunta que desejassem sobre a prisão e o que acontece lá. Essa técnica mostrou-se muito útil para manter a atenção dos meninos na conversa que eu queria ter.

Em cerca de 90%, se não 99%, das discussões em sala de aula, a primeira pergunta que um aluno fazia sobre a prisão era: "É perigoso abaixar-se para pegar o sabonete no chuveiro?" Embora eu tenha dito que

> EM CERCA DE 90%, SE NÃO 99%, DAS DISCUSSÕES EM SALA DE AULA, A PRIMEIRA PERGUNTA QUE UM ALUNO FAZIA SOBRE A PRISÃO ERA: "É PERIGOSO ABAIXAR-SE PARA PEGAR O SABONETE NO CHUVEIRO?

as perguntas sobre prisão vinham no final da conversa, em algumas ocasiões, principalmente ao trabalhar com meninos do 9º ano, eu tinha que responder uma pergunta logo no início para provar que pretendia manter minha promessa e que não estava apenas usando mais um truque de adultos para enganá-los. E, às vezes, nas escolas de maior prestígio, onde há forte ênfase no que é ou não um comportamento educado, eu mesma tinha que fazer e responder a pergunta para deixar os meninos menos constrangidos e poder avançar a discussão. "É esta a pergunta que vocês gostariam que eu respondesse...?" "Sim, por favor", vinha a resposta, seguida de um suspiro de alívio por ver o dilema encerrado.

Eu sempre respondia com um "sim" muito enfático à pergunta do sabonete – em minha opinião, qualquer desestímulo à prisão é um desestímulo bom –, mas em seguida explicava os fatos da vida na prisão de modo um pouco mais realista do que a maioria dos filmes americanos de prisão faz. Essa não é uma ocorrência tão comum quanto os filmes sugerem, os funcionários não ficam olhando, não acontece apenas no chuveiro – esses são tipos de questões que explorávamos depois que o tema surgia para discussão. Independentemente da questão da possível agressão sexual, eu queria que os alunos compreendessem que, em última instância, seria escolha deles se um dia chegariam ou não a ver o interior de uma cela de prisão; minha experiência de trabalho sugeria que eles não deveriam fazer essa escolha.

Havia algum conflito potencial em uma mulher passar algum tempo em escolas masculinas discutindo o conceito de bom homem e quais poderiam ser ritos de passagem masculinos legítimos e eficazes? Afinal, essas são questões masculinas e devem continuar assim. Esse aspecto do projeto foi debatido intensamente com os diretores nas discussões iniciais de preparação e eu estava plenamente consciente da questão quando comecei as visitas às escolas. Em cada reunião inicial com os funcionários e professores, eu explicava que estava lá não para falar, mas para ouvir tanto os alunos como os funcionários e as descrições que eles pudessem fazer do mundo das escolas masculinas. Tinha então que trazer o que me foi dito e o que pude observar no contexto do rito de passagem alternativo, a jornada para a prisão, e erguer um espelho para que os professores e pais de meninos adolescentes pudessem ver, como eu tinha visto, o potencial das escolas masculinas de influir nas escolhas feitas pelos meninos na busca pela masculinidade.

Meu trabalho era apenas coletar as histórias e erguer o espelho. Não era, e ainda não é, traduzir para os homens o que eles veem no espelho, ou lhes dizer o que fazer em seguida. Posso descrever como é o mundo dos homens pela minha perspectiva, mas é preciso sempre lembrar e reconhecer que a minha perspectiva é a de uma mulher olhando para o mundo dos homens.

Como fui uma mãe que criou um filho sozinha, não tenho problemas em dizer para as mulheres o que elas talvez pudessem pensar em fazer diferente na criação de seus filhos em decorrência de minha experiência com o Projeto Bom Homem. Essa, na verdade, é a principal razão deste livro. No entanto, tenho também muito claro que, tendo levantado o espelho para homens e mulheres verem o que eu tive a sorte de poder ver, meu trabalho está quase encerrado. Quase tudo o que precisa ser feito agora é trabalho de homens e é preciso deixar que os homens se encarreguem disso. E eles o farão, se as mulheres tiverem a coragem e a disposição de se afastar e deixá-los seguir.

O Projeto Bom Homem foi um presente, um presente muito especial, que me permitiu entrar no mundo das escolas masculinas e no mundo dos homens, mudando para sempre a minha percepção deles. Antes de começar a descrever o que aprendi, quero fazer uma pausa para dizer um obrigado muito sincero a todos vocês que participaram. Foi um tempo memorável e tenho uma enorme dívida de gratidão para com todos os que percorreram essa estrada comigo.

CAPÍTULO 2

O mundo maravilhoso das escolas masculinas

Antes do Projeto Bom Homem, eu achava, como muitos, que a maioria das escolas masculinas fosse parte de uma "confraria", grupos focados acima de tudo em assegurar que seus alunos obtivessem as oportunidades profissionais e sociais necessárias para facilitar seu caminho na vida. Achava provável também que, quanto mais prestigiosa a escola, maior seria a exigência para que novos alunos se adequassem a ela, e não o contrário.

Eu estava disposta a admitir que houvesse algum valor real em uma educação unissexual para meninos: afinal, eu mesma havia posto meu filho em uma escola secundária católica para meninos por uma série de razões que, na época, pareciam bem fundamentadas. É interessante que essas razões agora já não sejam tão claras. Mas, embora eu visse vantagens suficientes na educação unissexual para ter confiado meu próprio filho a ela, ainda não estava convencida de que as escolas masculinas estivessem de fato aproveitando todo o seu potencial de explorar a masculinidade no mundo de hoje. Fiquei bem impressionada com o que vi quando passei algum tempo no Nelson College em 2001 como parte do projeto de manejo de alunos com comportamento difícil em sala de aula, mas essa visita não alterou de modo substancial a minha visão, em geral, negativa.

Quando compareci à conferência de Diretores de Escolas Masculinas com Salvi Gargiulo em setembro de 2001, tinha certeza de que aqueles homens, os guardiões da cidadela das escolas masculinas tradicionais, não deviam ter nada a dizer que eu pudesse achar interessante ou desafiador. Como estava enganada! Foi nesse momento que entrei em uma jornada que me ensinou muito, revelou meus preconceitos e me deixou com uma sensação muito mágica em relação a escolas onde meninos podem ser simplesmente meninos e onde os assuntos de meninos podem ser o foco principal.

Isso não quer dizer que não haja espaço para melhorias na maneira como as escolas masculinas preparam seus alunos para o mundo, e foi por isso que o projeto nasceu, mas elas já fazem muito de modo excepcionalmente bom.

Pela própria existência, escolas masculinas incentivam a construção do sentimento de orgulho por ser homem. Em um mundo onde há tanta discussão sobre a ausência de modelos masculinos positivos e em

> EM UM MUNDO ONDE HÁ TANTA DISCUSSÃO SOBRE A AUSÊNCIA DE MODELOS MASCULINOS POSITIVOS E EM QUE O FOCO DE BOA PARTE DA IMPRENSA ESTÁ NOS ASPECTOS MAIS NEGATIVOS DOS JOVENS, A CAPACIDADE DAS ESCOLAS MASCULINAS DE OFERECER UMA VISÃO ALTERNATIVA NÃO PODE SER SUBESTIMADA.

que o foco de boa parte da imprensa está nos aspectos mais negativos dos jovens, a capacidade das escolas masculinas de oferecer uma visão alternativa não pode ser subestimada.

Para muitos meninos que escolhem frequentar uma escola masculina – ou, como muitos deles prefeririam dizer, que foram forçados a essa opção –, a reunião inicial na escola é a primeira vez em que encontram tantos representantes de seu próprio gênero juntos, e em um ambiente com enfoque totalmente masculino. Quando conversei com alunos do 7º ano, pude perceber o quanto se orgulhavam por entrar em um mundo de homens, um mundo que lhes ofereceria uma sensação de pertencimento e validação. A mensagem nessas escolas era clara: ser homem é legal.

Para muitos alunos, ingressar em uma escola desse tipo também significa que eles terão, pela primeira vez, um professor do sexo masculino. Professores homens costumam ser raros em escolas primárias e foi estimulante ver o número e a diversidade deles no corpo docente dessas escolas secundárias.

A entrada em uma escola secundária só de meninos é uma espécie de "boas-vindas ao mundo dos homens". No início do projeto, incomodou-me muito a atmosfera de história e tradição perceptível nas escolas, mas, com o tempo, compreendi seu significado aos olhos dos próprios meninos. Por razões relacionadas à minha experiência pessoal, não tendo a dar muita importância a isso, mas não havia como negar o quanto aquilo era valorizado pela maioria dos estudantes que conheci.

Em uma das escolas, fui convidada por um professor especialmente orgulhoso a visitar a biblioteca e fiquei intrigada com a insistência entusiasmada dele para que eu aceitasse o convite. Era, na verdade, um museu contendo recordações da vida de muitos dos ex-alunos da escola. Em uma parede, havia fotos dos que tinham se tornado juízes ou assumido outras posições de destaque na comunidade; em outra, troféus esportivos obtidos em eventos internacionais, inclusive a réplica de uma medalha de ouro conquistada nos Jogos Olímpicos. Foi enquanto estava naquela sala e sentia a atmosfera de tradição que me cercava que comecei a entender mais sobre a essência da masculinidade. Tem a ver com conexões, com ligações com o passado que mostram os caminhos para o futuro; e com excelência, com a luta para ser bem-sucedido a fim de honrar os que vieram antes. Enfim, tem a ver com lealdade, esforço e pertencimento.

Pelo fato de ser uma mulher que passou boa parte da vida imaginando o que haveria depois da próxima curva, muitas vezes me rebelei contra um sistema que enfatiza ligações claras e fortes com um passado que tenho dificuldade para entender, mas era impossível ignorar o sentimento de orgulho e expectativa perceptível entre os alunos mais novos quando discutíamos o que significava ser parte daquela escola. Embora muitos deles estivessem lá por escolha dos pais, se lhes fosse dada a oportunidade de mudar de escola, quase todos iam querer ficar e continuar a jornada que haviam começado.

Ficou evidente desde o início do projeto que uma das forças inerentes às escolas masculinas era a capacidade de valorizar e celebrar os assuntos de meninos. Em um mundo que está se tornando paralisado por preocupações com o "politicamente correto" e pela relutância dos que ocupam posições de poder e influência em chamar as coisas por seu próprio nome, a liberdade existente nas escolas masculinas para concentrar todo o foco em assuntos de meninos é extremamente valiosa. Há uma espécie de pureza envolvida quando os meninos podem se concentrar unicamente no que interessa e isso é relevante para eles nesse estágio da vida.

É importante reiterar neste ponto que o projeto nunca se propôs a comparar os méritos de escolas unissexuais e mistas. Pelo contrário, a proposta era incentivar a discussão sobre as necessidades dos meninos no mundo atual e descobrir como podemos melhorar a transmissão das habilidades de vida apropriadas para todos os meninos que estão cumprindo seu percurso pelo sistema educacional. As escolas masculinas e aqueles que trabalham nelas estão muito bem posicionados para conduzir essa discussão, e todos os que participam da vida de meninos adolescentes, incluindo os que trabalham em escolas secundárias mistas, podem e devem dar sua contribuição. Não tenho dúvida de que os resultados de qualquer debate desse tipo serão aplicáveis tanto a meninos de escolas secundárias mistas como de escolas só masculinas.

A capacidade de abrir-se para os assuntos de meninos não tem a ver apenas com a ausência de meninas. As escolas masculinas que visitei mostraram-se capazes de identificar e abordar as questões que interessam aos meninos, voltando-se para seus interesses específicos e oferecendo um ambiente em que fosse seguro explorar emoções em um contexto masculino. Em outras palavras, havia apoio aberto ao "ser homem".

Em várias ocasiões, ao observar o curso de ação adotado nas questões de disciplina, pensei comigo mesma: "Eu teria feito diferente." Para ser honesta, o que eu realmente pensava era: "Eu teria feito melhor." Levei um tempo para perceber que o que eu estava vendo eram homens lidando com assuntos de homem e que os observava com os olhos de uma mulher. Não há nada errado nisso, mas, depois que parei por tempo suficiente para reconhecer os julgamentos que estava fazendo, comecei a desenvolver um senso agudo de apreciação pelo que acontece quando homens têm essa oportunidade. O principal ponto a perceber é que simplesmente não é como seria se houvesse uma mulher envolvida – e nem precisa ser.

Não há dúvida para mim de que os homens lidam com as situações de modo diferente, e isso ficou evidente repetidas vezes ao longo do projeto, mas diferente não significa automaticamente melhor ou pior. O segredo é o seguinte: aprender a suspender a necessidade de julgamento que geralmente acompanha qualquer reconhecimento de diferença. Como resultado do tempo passado em escolas masculinas, aprendi que o silêncio de uma mulher muitas vezes pode abrir espaço para que o canal de comunicação entre um homem adulto e um rapaz adolescente opere com mais eficácia do que acontece quando a mulher interrompe a transmissão, como tantas vezes costumamos fazer.

> O SILÊNCIO DE UMA MULHER MUITAS VEZES PODE ABRIR ESPAÇO PARA QUE O CANAL DE COMUNICAÇÃO ENTRE UM HOMEM ADULTO E UM RAPAZ ADOLESCENTE OPERE COM MAIS EFICÁCIA.

Com o tempo, entendi o valor de escolas em que os meninos não precisavam se preocupar com a aparência além do básico de vestir a roupa correta, colocar a blusa dentro da calça e erguer as meias. A ausência de joias, gel de cabelo e piercings foi algo que logo me chamou a atenção.

Alunos de todos os níveis falaram da liberdade de não ter que se preocupar com a aparência, já que não havia meninas por perto, e pareciam considerar isso um benefício importante de estar em uma escola masculina. Como faziam com frequência ao demonstrarem seu pragmatismo inato, os meninos comentavam que uma das principais vantagens de não ter que se preocupar, por exemplo, em aplicar gel nos cabelos todas as manhãs era poder passar mais dez minutos na cama. "Sem garotas para impressionar, não há necessidade de gel de cabelo." Eles concordavam que davam atenção considerável à aparência nas horas fora da escola e não se viam como diferentes nesse aspecto de seus conhecidos que frequentavam escolas mistas, mas me deixaram com a sensação de que a ausência de pressão quanto à aparência dentro da escola tornava a vida muito mais simples e permitia-lhes aproveitar mais seu momento de ser meninos.

Nessas circunstâncias, foi interessante observar o debate que se desenvolveu quando o diretor de uma escola masculina estatal que eu havia visitado recentemente ganhou repercussão pública por estabelecer a regra de proibição de gel de cabelo. Várias pessoas expressaram sua opinião pelos meios de comunicação e muitas criticaram a postura da escola, algumas chegando a ponto de fazer suposições sobre o tipo de homem que o diretor devia ser. Uma descrição em um jornal mostrou-o como um sujeito de cachimbo na boca, vestido em terno de tweed, avançado em anos e aferrado à tradição, incapaz e/ou não disposto a entrar no mundo moderno. Nada poderia ser mais distante da verdade. Ele tem 30 e poucos anos e, na minha opinião, e na de muitos, é um líder entusiasmado e dedicado que possui uma percepção muito aguçada do que escolas masculinas devem oferecer aos seus alunos. É uma das vozes em que confio implicitamente no que se refere à realidade de meninos adolescentes.

Pareceu-me que a maioria dos alunos não se incomodava de fato com a restrição ao uso de produtos para o cabelo e, em geral, protestavam apenas dentro do contexto típico de "É, eu sei que é uma regra, mas vou testá-la assim mesmo", antes de esquecerem o assunto e voltarem às questões que realmente consideravam importantes.

Muitos dos alunos com quem conversei, incluindo os dessa escola, falaram abertamente, e sem ser ridicularizados pelos colegas, sobre a liberdade que a posição da escola sobre cabelos e joias lhes dava. E quando, em uma ocasião, perguntei a um grupo de alunos de 11º e 12º anos quanto tempo eles tinham levado para se acostumarem a seguir esse tipo de regras, eles responderam "mais ou menos uma semana". É verdade que a incapacidade de registrar a individualidade por meio da aparência de fato incomodava alguns alunos, em particular os do 9º e

10º anos do ensino secundário. Então, algumas de minhas discussões em sala de aula com esses meninos focaram o que poderia ser feito para lhes dar um pouco mais de espaço, mas eles também pareciam valorizar a clareza e a simplicidade das regras.

Enquanto acompanhava os debates sobre esse caso nos meios de comunicação, observei muitas mulheres condenando a escola pela postura adotada, mães defendendo o que julgavam ser os direitos dos filhos e homens que se mantinham em silêncio. Onde estavam as vozes masculinas? E estariam as mães encarando o assunto apenas pelo modo como o haviam recebido dos filhos, como eu mesma fiz muitas vezes ao discutir com a escola depois de ouvir meu filho, em vez de olhar além da questão específica, para o quadro mais amplo dos meninos adolescentes e o que eles de fato precisam e não o que querem?

O vigor físico dos meninos revelou-se um dos prazeres absolutos do projeto. Estar em uma reunião escolar de 1.400 alunos me fez sentir rapidamente a realidade do que são jovens movidos pela testosterona. O barulho, o cheiro, os níveis de energia e o próprio tamanho de alguns dos alunos não deixavam dúvida de que eu estava em um ambiente masculino, embora com algumas mulheres presentes.

Não sou educadora e muitos sem dúvida terão opiniões diferentes, mas acho que qualquer um que afirme que há pouca ou nenhuma diferença entre meninos e meninas em termos de necessidades educacionais precisa comparecer a uma reunião só de meninos para ter essa atitude questionada. As diferenças são palpáveis e nenhuma análise politicamente correta poderá mudá-las.

Em inúmeras ocasiões, tive a oportunidade de ver uma multidão de meninos desembocando em um corredor escolar e a natureza positiva do que estava vendo encheu-me de alegria. Em anos anteriores, eu tinha observado prisioneiros reunirem-se em alas de penitenciárias, em grupos de trabalhos e/ou em pátios na prisão e me impressionado e entristecido com a extraordinária perda de potencial que estava testemunhando. Ver o prazer dos meninos em ser quem eram e estar onde estavam, sentir sua exuberância em relação à própria vida, era algo mágico.

A entrada dos meninos nos corredores escolares também me fazia rir. Eles pareciam não ter uma noção real de seu corpo e nenhuma consciência do mundo à sua volta. Com a camisa pendurada para fora da calça, as meias nos tornozelos, sandálias ou sapatos desamarrados, eles vinham entre ou sobre cadeiras, empurrando uns aos outros e, de um modo que parecia totalmente sem foco, acabavam chegando aos seus lugares na sala de aula. Muitas vezes tinham comida nas mãos (e na boca) – descobri que nunca há muita distância entre meninos adolescentes e comida – e, embora fossem capazes de comer e andar ao mesmo tempo, pareciam incapazes de fazer muito mais que isso ou de fazer qualquer coisa depressa.

Como sempre acontece com meninos, o tempo era o ingrediente principal, tempo para deixá-los alcançarem seu destino com apenas os empurrões ocasionais ao longo do caminho. Apressá-los simplesmente não funcionava e a tentativa de fazer isso com frequência piorava a situação, pois parecia aumentar o nível de energia e incentivar as alegres investidas uns contra os outros. Em vez de explicar aos meninos onde eles deveriam estar, algo que as professoras mulheres presentes tentavam repetidamente fazer, os professores homens pareciam saber por instinto que a melhor estratégia era posicionar-se como cães de rebanho, guardando o perímetro e conduzindo os alunos lenta e gentilmente até seus assentos.

O vigor físico dos meninos sempre me impressionava, como tenho certeza de que também impressiona os professores de tempos em tempos. Era mais evidente no 9º ano e, quando eu conversava com professores envolvidos com alunos dessa série, brincava que a técnica mais eficaz para controlá-los e, ao mesmo tempo, tentar colocar alguma informação na cabeça deles talvez fosse deixá-los ficarem em pé a cada dez minutos, para que dessem uma "gravata" em outro colega antes de se sentarem de novo.

Tenho que admitir que, depois de passar vários períodos escolares tentando interagir de alguma maneira significativa com meninos dessa idade, comecei também a me perguntar sobre os benefícios potenciais de reintroduzir a vara como instrumento de disciplina apenas para esse ano. A ideia de usar um instrumento físico para sossegá-los parecia particularmente atraente diante de sua exuberância e incapacidade de se concentrar por mais de 30 segundos, e isso apenas se o assunto se enquadrasse em sua limitada classificação de interessante.

Em uma classe com alunos desse tipo, era quase possível enxergar os níveis de testosterona crescendo e, nesse processo, percebia-se a dificuldade que os meninos tinham de ficar quietos. Era como assistir a uma onda que vinha subindo do fundo da sala, e eu, às vezes, sentia que precisava parar, me abaixar e deixar a água passar sobre a minha cabeça antes de continuar a conversa. Meninos dessa série escolar e, em menor grau, das séries vizinhas pareciam completamente incapazes de resistir à tentação de dar um tapa de régua em qualquer um que chegasse ao alcance do braço ou de passar por um colega sem socá-lo. Perguntar-lhes por que se comportavam assim muitas vezes fazia com que me olhassem como se eu tivesse questionado sua necessidade de inalar oxigênio.

Para que aprendam algo, os meninos precisam se comportar de forma menos ruidosa às vezes, ser capazes de se controlar pelo menos durante parte do tempo na sala de aula. Os professores e eu conversamos sobre possíveis maneiras de conseguir isso. Embora esse ainda seja um desafio constante para todos os que lecionam para meninos, percebi que o ambiente exclusivamente masculino era capaz, de alguma maneira, de proporcionar tanto o espaço como a oportunidade para os meninos lidarem com os solavancos de seu sistema e seguirem em frente em vez de simplesmente suprimi-los para atender às expectativas dos adultos à sua volta. Embora às vezes esse vigor físico dos meninos tenha me incomodado, em muitas ocasiões os observei ser positiva e ativamente administrados por professores habilidosos, que conseguiam levá-los da exuberância a momentos de silenciosa reflexão.

Em períodos anteriores da vida, eu havia notado que o esporte parecia parte importante do cotidiano de meninos adolescentes, mas, nos estágios iniciais do projeto, não estava disposta a considerá-lo como algo além de um tema secundário. O tempo que passei nas escolas masculinas balançou de maneira significativa minha opinião a esse respeito e levou-me a perceber que o esporte é algo que as escolas masculinas empregam incrivelmente bem, usando-o com eficácia em sua interação com os estudantes. Nas conversas com os próprios meninos, entendi que, para a maioria deles, o esporte é parte integrante da jornada para a vida adulta, tanto pela natureza competitiva como por lhes dar a sensação de ser parte de algo maior que eles mesmos. A maioria das escolas masculinas tem condições de oferecer uma variedade de modalidades esportivas, as quais permitem aos alunos experimentar o sucesso e o orgulho por suas conquistas. A prática de esportes significa também que eles podem continuar a construir uma relação positiva com o próprio corpo e usar seus altos níveis de energia de maneira produtiva.

> O ESPORTE É ALGO QUE AS ESCOLAS MASCULINAS EMPREGAM INCRIVELMENTE BEM, USANDO-O COM EFICÁCIA EM SUA INTERAÇÃO COM OS ESTUDANTES.

Gostei em particular de como um professor explicou: "Jovens precisam ter uma dose regular da adrenalina. Se não a tiverem do modo certo, vão obtê-la do modo errado. As escolas masculinas podem proporcionar, e o fazem, incontáveis oportunidades para o tipo certo de adrenalina."

Além da prática formal de esportes, notei a liberdade que os alunos de escolas masculinas parecem ter para jogar e, ao longo do projeto, fiquei impressionada com o que via ocorrer durante os intervalos da manhã e do almoço.

Quando o sinal tocava indicando o intervalo das aulas, os alunos corriam para o pátio e iniciavam todo tipo de jogos. Alguns eram os jogos mais tradicionais de futebol, rúgbi e basquete, mas havia também inúmeros jogos que pareciam ser inventados na hora, dependendo do número de alunos que quisessem jogar, do equipamento à mão e do espaço disponível.

A atmosfera parecia estimular os alunos a jogar, qualquer que fosse a sua idade, e, pelo mecanismo do jogo, as escolas acabavam conseguindo acomodar e apoiar as frequentes oscilações de temperamento dos meninos em amadurecimento entre a porta da infância de que estão se afastando e a porta para a vida adulta da qual estão inexoravelmente se aproximando.

Deparei-me muitas vezes com a visão errônea de que as escolas masculinas produzem homens incapazes de se relacionar com mulheres e que, devido à sua arrogância quanto a serem homens, estimulada pela escola, têm percepções negativas sobre o lugar da mulher na sociedade. A ideia era que, no mínimo, os meninos que saem dessas escolas são emocionalmente carentes e incapazes de estabelecer e manter relações pessoais efetivas com mulheres. Como disse um ex-diretor de uma escola mista, ele estava cansado de ter que ser uma "escola de acabamento" para meninos que haviam sido educados durante quatro anos em uma escola masculina e, depois, vinham a ele para cursar o último ano e aprender a se socializar com meninas.

Embora essa não fosse necessariamente a minha visão antes de iniciar o projeto, confesso que tinha algumas reservas quanto à capacidade de escolas masculinas produzirem jovens emocionalmente seguros. Meu filho certamente não pareceu sofrer nenhuma forma de atraso emocional ou social como resultado do tempo que passou em uma escola masculina – bem o contrário, na verdade –, mas eu dizia a mim mesma que ele havia desenvolvido sua segurança emocional apesar da escola, e não por causa dela. Ele era quem era devido ao excelente trabalho feito por sua mãe!

Era comum que pais de alguns alunos, homens que haviam eles próprios sido educados em escolas masculinas, comentassem que tinham saído da escola incapazes de compreender ou de se comunicar efetivamente com o sexo oposto. Alguns admitiam que o funcionamento do cérebro feminino ainda era um mistério para eles, e não tenho dúvida de que não estão sozinhos nessa situação.

Seus filhos adolescentes, porém, não pareciam compartilhar a experiência de não conseguir se comunicar efetivamente com meninas adolescentes. Em parte, sem dúvida, pelo maior grau de liberdade social das meninas de hoje, os meninos pareciam compreendê-las muito melhor do que havia sido o caso de seus pais. Quase todos os garotos com quem conversei tinham amigas mulheres em seu grupo de relações mais próximo e muitos deles falavam do valor das conversas que tinham com essas amigas mulheres sobre os assuntos "sérios", os assuntos que eles não podiam ou não queriam conversar com seus amigos homens.

É verdade que os meninos expressavam nervosismo quanto a se aproximar de uma menina que consideravam "gostosa" e foram claros em suas declarações de que os processos de pensamento das meninas às vezes eram muito difíceis de acompanhar, mas não vi ou ouvi nada que me levasse a acreditar que esses meninos fossem diferentes nesse aspecto de seus colegas educados em escolas mistas.

As conversas que tive sobre como seria ter meninas na sala de aula ou, em alguns casos, a realidade de ter de fato meninas na sala de aula, como acontecia nos últimos níveis letivos em algumas das escolas, provocaram muita discussão e reflexões sobre o processo de socialização que ocorre entre meninos e meninas adolescentes.

Muitos professores que também haviam lecionado em escolas mistas comentaram sobre o modo como os meninos adolescentes pareciam modificar seu comportamento diante de zombarias ou críticas de meninas colegas de classe. Durante os dois primeiros anos do ensino médio, em particular, quando os meninos com frequência alternam entre agir como criança e agir como um jovem adulto, a censura ou possível censura de uma colega do sexo feminino os faria reprimir esse comportamento. "Sente-se e pare de agir como bobo" é, aparentemente, um comentário comum das meninas em classes mistas nos primeiros níveis.

Os próprios meninos muitas vezes falavam de não querer parecer bobos na frente das meninas e de como esse receio os fazia ficar mais quietos na presença delas. "É melhor ser considerado bobo do que abrir a boca e provar que é mesmo" era um conceito que eles pareciam ter incorporado, ainda que não o expressassem tão claramente assim. Quando falávamos sobre álcool, era comum eles comentarem sobre o receio de parecer bobos na frente das meninas e explicarem que uma razão para beber em excesso era ganhar a confiança necessária para conversar de maneira desinibida com as "meninas mais gostosas".

Quase todos os alunos do 7º, 8º e 9º anos com quem conversei achavam que a presença de meninas os deixaria menos à vontade para participar de discussões em sala de aula e que, nessas circunstâncias, o comportamento deles seria "atenuado" e se tornaria menos turbulento.

Diante disso, comecei a me perguntar se o que acontece nas salas de aula de escolas mistas não seria uma educação dos meninos sobre as expectativas das meninas em relação ao seu comportamento, em vez de um processo de socialização com neutralidade de gêneros. Pareceu-me inteiramente possível que o juízo de valor das meninas sobre o que seja ou não um comportamento adequado talvez fosse a principal referência na socialização que vinha ocorrendo. Será que quando falamos que os meninos de escolas mistas são mais socialmente aptos, mais "maduros", estamos de fato dizendo que eles aprenderam mais cedo que os meninos educados em escolas masculinas o que as mulheres esperam deles? Será que eles simplesmente aprenderam a fazer o que nós, mulheres, queremos deles e é isso que classificamos como maturidade? Essa é uma questão interessante.

Quer esse seja ou não o caso, os estudantes mais velhos nas escolas masculinas demonstravam clara habilidade de fazer seu trabalho e comportar-se de maneira socialmente adequada e não havia nenhum sinal de falta de socialização por não terem convivido em sala de aula com meninas. O comportamento turbulento, a incapacidade de se concentrar, as marés de testosterona perceptíveis entre alunos do 9º ano, qualquer que fosse seu desempenho

> OS PRÓPRIOS MENINOS MUITAS VEZES FALAVAM DE NÃO QUERER PARECER BOBOS NA FRENTE DAS MENINAS E DE COMO ESSE RECEIO OS FAZIA FICAR MAIS QUIETOS NA PRESENÇA DELAS.

acadêmico e/ou situação socioeconômica, haviam desaparecido. Em seu lugar, havia grupos de jovens incríveis e adequadamente maduros, com habilidades sociais bem desenvolvidas e levando o que parecia ser uma vida social bastante ativa. Não havia nenhum sinal da necessidade de um ano em uma "escola de acabamento".

Muitas das discussões que aconteceram ao longo do Projeto Bom Homem centraram-se no que os meninos mais precisam enquanto fazem sua travessia pela ponte da adolescência. Com base no que observei, independentemente de qualquer outra coisa que pudéssemos incluir nisso, o elemento essencial é o tempo.

Eles precisam de tempo para pensar, tempo para processar emoções recém-descobertas e tempo para tomar decisões sobre o futuro. Precisam de tempo para simplesmente ser, para mover-se livremente entre a infância e a idade adulta, retornando várias vezes, na explosão inicial da adolescência, a um estado de criança no qual possam passar o tempo brincando e, ao mesmo tempo, refletindo em um nível mais profundo (e, com frequência, completamente invisível) sobre o fato de estarem no processo de deixar a infância para trás.

Isso, a meu ver, é o que as escolas masculinas fazem melhor. Elas dão aos seus alunos o tempo de que eles precisam, tempo para viver plenamente a experiência da adolescência em seu próprio ritmo, tempo para ajustar-se ao fato de que a vida está se movendo e levando-os consigo. E, enquanto esse processo está em andamento, as escolas continuam a colocar imagens positivas de masculinidade diante dos meninos, que lhes apresentam e constroem uma expectativa sobre o mundo dos homens.

Tendo delineado o que as escolas masculinas fazem extremamente bem, preciso enfatizar que há, sem dúvida, espaço para melhora e desenvolvimento em várias áreas. Não estou descrevendo um mundo perfeito. O comprometimento dos diretores participantes do Projeto Bom Homem e sua iniciativa de me deixar à vontade em suas escolas – um sinal de coragem, diriam alguns – mostrou sua disposição a aprender coisas novas e ouvir sugestões.

O objetivo não é a perfeição; o foco é o questionamento, a investigação e o debate e, nos corredores das escolas masculinas que visitei, encontrei tudo isso. Encontrei risos e tristezas, movimento e barulho, reflexão e discussão. Acima de tudo, encontrei lugares em que minhas ideias sobre o mundo dos homens e sobre as necessidades dos meninos adolescentes para cruzar em segurança a ponte da adolescência foram questionadas e onde minha fé na decência e na força inerentes aos homens foi restaurada.

A jornada da qual tive a sorte de poder fazer pelo mundo das escolas masculinas deixou-me com uma forte sensação de otimismo quanto ao futuro dos jovens, se pudermos aproveitar ao máximo as oportunidades que essas escolas apresentam para aprender mais sobre o que funciona com meninos.

- Por sua própria existência, as escolas masculinas estimulam a construção de um sentimento de orgulho por ser homem.

- A masculinidade tem a ver com conexões, com ligações com o passado que mostram os caminhos para o futuro. Tem a ver com excelência, com a luta para ser bem-sucedido a fim de honrar os que vieram antes. E, acima de tudo, tem a ver com lealdade, esforço e pertencimento.

- As escolas masculinas e aqueles que trabalham nelas estão muito bem posicionados para conduzir essa discussão, e todos os que participam da vida de meninos adolescentes, incluindo os que trabalham em escolas secundárias mistas, podem e devem dar sua contribuição.

- Os meninos são capazes de comer e andar ao mesmo tempo, mas parecem incapazes de fazer muito mais que isso ou de fazer qualquer coisa depressa.

- Para a maioria dos meninos, o esporte é parte integrante da jornada para a vida adulta, tanto pela natureza competitiva como por lhes dar a sensação de ser parte de algo maior que eles mesmos.

- Os meninos parecem entender as meninas muito melhor do que seus pais entendiam.

- Será que quando falamos que os meninos de escolas mistas são mais socialmente aptos, mais "maduros", estamos de fato dizendo que eles aprenderam mais cedo que os meninos educados em escolas masculinas o que as mulheres esperam deles?

- Meninos adolescentes precisam de tempo para pensar, tempo para processar emoções recém-descobertas e tempo para tomar decisões sobre o futuro.

CAPÍTULO 3

Sobre meninos: o que se passa na cabeça deles

Tendo falado sobre o mundo das escolas masculinas, talvez o próximo passo seja falar do mundo dos meninos e começar a compartilhar o que aprendi sobre como a mente deles funciona: porque sem dúvida ela funciona, ainda que, de fora, não pareça estar acontecendo muito lá dentro.

É importante deixar claro que estou apresentando a minha interpretação do que vi enquanto interagia com cerca de 180 classes de meninos ao longo de um período de 18 meses. Os próprios meninos podem discordar de minha interpretação, assim como os homens que lerem este livro, e eu ficarei totalmente tranquila caso isso aconteça. Esta é uma visão feminina do mundo de meninos adolescentes, uma visão tingida por minhas experiências e predisposições naturais. Não estou tentando de maneira alguma provar que eu sei como é: meu objetivo é iniciar uma nova discussão sobre como homens e mulheres podem trabalhar juntos para criar bons homens e o que poderíamos fazer para assegurar que tenhamos tanta diversão quanto possível com nossos filhos e netos, e entre nós, durante o caminho.

Como resultado de minha participação no Projeto Bom Homem, tenho algo muito claro na cabeça: se na época em que estava criando meu filho eu soubesse o que sei agora sobre meninos adolescentes e o modo como eles veem o mundo, teria feito muitas coisas de um jeito diferente. E, mesmo que isso tivesse significado fazer ajustes em meu modo de ser e agir de que apenas eu tivesse consciência, estou certa de que a passagem de meu filho pela adolescência teria sido um pouco mais fácil para nós dois. Ele cresceu e se tornou um homem decente, um bom homem; mas eu, como mãe, vivi momentos de extrema angústia enquanto ele lidava com seus anos de adolescência e passei acordada mais noites do que gostaria de me lembrar pensando se ele sobreviveria tempo suficiente para se tornar um homem. Imagino que talvez não tivessem acontecido tantas noites insones se eu compreendesse com mais clareza o modo como ele via o mundo e o que estava guiando o seu comportamento.

Nas conversas que tive com os alunos, surgiram vários temas que me permitiram vislumbrar como os meninos pensam e como processam as informações. Esses temas podem ser agrupados em três conceitos principais: pragmatismo, intuição e desejo de viver o momento. Capítulos posteriores tratarão do impacto de seu pragmatismo inerente e de sua bem desenvolvida intuição sobre o modo como vivem a vida. Mas, agora, vamos dar nosso primeiro passo no mundo dos meninos adolescentes examinando sua paixão por viver o momento e sua incapacidade e/ou relutância em planejar para administrar melhor a vida. Essa faceta da psique do garoto adolescente deu origem a algumas conversas muito engraçadas. (Na verdade, a maioria das conversas durante o projeto foi muito divertida.)

Sempre que eu perguntava aos meninos sobre planejamento, a resposta imediata era afirmar que eles não planejam. "Não planejamos porque os planos nunca funcionam mesmo." "A vida é uma montanha-russa, então nem adianta planejar."

– Alguma vez você fez planos?

> – VOCÊ ACHA QUE UM DIA VAI TER UM PLANO DE VIDA?
>
> – NÃO.
>
> – ENTÃO COMO SUA VIDA VAI SE ORGANIZAR?
>
> – AH, ISSO É FÁCIL. VOU TER UNS 25 ANOS, E UMA MENINA MUITO GATA VAI APARECER NA MINHA VIDA. ELA VAI TER ALGUM GRANDE PLANO, E AÍ É SÓ EU FICAR COM ELA.

– Sei lá. Não.
– Ah, nós planejamos os fins de semana.
– Quando vocês começam a planejar o fim de semana?
– Lá pela quarta-feira.
– Então vocês sabem fazer planos.
– É, sabemos.
– Mas simplesmente não planejam?
– É.
– Meninas fazem muitos planos, não é?
– Fazem, mas elas mudam de ideia, não é verdade?
– É, acho que sim.
– Está vendo? Até mesmo decidir planejar é perda de tempo.

Uma pergunta que eu sempre fazia quando avançávamos para uma discussão sobre como eles administravam suas tarefas acadêmicas: se tivessem uma tarefa para ser entregue, digamos, terça-feira de manhã, quando a fariam? Independentemente do desempenho acadêmico e/ou situação socioeconômica, a resposta era invariavelmente "Segunda-feira à noite", com um ocasional "Terça-feira de manhã" aparecendo no meio. Quando eu lhes perguntava se havia algo que os adultos participantes da vida deles poderiam fazer para persuadi-los a começar as tarefas mais cedo, eles respondiam sem hesitação: "Sim, dinheiro."

Quando eu deixava claro que pagamento para cumprir as obrigações não era uma opção que alguém levaria a sério, passávamos a discutir se eles alguma vez já haviam pensado em fazer os deveres antes da noite anterior ao dia da entrega. Nesse ponto, eles geralmente se empenhavam em dizer que sim, sem dúvida pensavam em fazer mais cedo, às vezes chegavam até a "pegar o material". Quando eu então lhes perguntava o que os impedia de realmente trabalhar um pouco na tarefa naquele momento, a resposta era sempre muito clara: "Há sempre algo melhor para fazer." O algo melhor incluía um jogo para jogar, um vídeo para assistir e/ou um colega para estar junto – nenhuma dessas alternativas era particularmente urgente, mas todas mais atraentes do que o dever que os aguardava. Como entendi por fim, o momento de fazer a tarefa simplesmente ainda não havia chegado.

Era muito divertido para mim quando, em algumas ocasiões, eu pressionava os alunos um pouco mais e sugeria que, se eles só faziam mesmo o dever escolar na noite anterior ao dia da entrega, quando quer que houvesse sido passado, talvez a melhor ideia fosse pedir aos professores que adotassem a prática de passar tarefas de um dia para o outro, deixando-lhes só aquela noite para fazê-las. Parecia algo muito lógico para mim e que reduziria significativamente os níveis de estresse daqueles pais que passavam a vida tentando convencer os filhos a começar a fazer os deveres marcados para a semana seguinte.

> OS MENINOS PARECIAM SOBREVIVER A ESSE ESTÁGIO DA VIDA COMBINANDO O SEMPRE PRESENTE PRAGMATISMO A UM TOQUE DE FATALISMO, O QUE LHES PERMITIA ADIAR A TAREFA NA ESPERANÇA DE QUE ELA SE PROVASSE DESNECESSÁRIA.

Sempre que eu sugeria essa ideia, porém, via expressões de absoluta consternação no rosto dos meninos.

– Não, você não pode fazer isso.

– Por que não?

– Porque precisamos de tempo para pensar!

Os meninos pareciam sobreviver a esse estágio da vida combinando o sempre presente pragmatismo a um toque de fatalismo – "para que tomar a decisão duas vezes?", "e daí, vai acontecer de qualquer jeito" –, o que lhes permitia adiar a tarefa na esperança de que ela se provasse desnecessária. Talvez houvesse uma enchente, um terremoto e/ou um grande incêndio de um dia para o outro e, assim, a tarefa não teria que ser terminada e qualquer esforço gasto nela até então teria sido uma completa perda de tempo.

Essa relutância em planejar, no entanto, nem sempre é ruim. Uma história que foi contada a mim por um professor põe em dúvida a ideia de que os meninos adolescentes só conseguirão alcançar seu pleno potencial em sala de aula por meio de planejamento e trabalho organizado. Esse professor descreveu o momento em que explicou a um grupo de alunos do penúltimo ano que eles tinham apenas mais cinco dias para terminar seus trabalhos de artes e que, se não conseguissem entregar o trabalho dentro do prazo, perderiam a oportunidade de cursar artes no ano seguinte. Para muitos dos garotos, isso seria um sério golpe, porque suas pretensões de carreira requeriam que eles continuassem os estudos de artes e, talvez mais importante, era uma matéria de que gostavam e em que se saíam bem.

Esses eram meninos academicamente muito capazes, mas que vinham mostrando ser adolescentes bastante normais, trabalhando a cerca de 5% de seu potencial ao longo do ano. O professor já tinha dado aulas antes para meninas adolescentes que, em sua opinião, tendiam a trabalhar a cerca de 90% do potencial ao longo do ano escolar.

Assim que o professor os alertou sobre a aproximação do prazo, os meninos pareceram aceitar o desafio e partiram para a ação. Praticamente viveram e respiraram seus trabalhos de artes durante os cinco dias seguintes, passando o dia todo na escola, fazendo intervalos ocasionais apenas para comer e dormir, enquanto se dedicavam à tarefa. Nas palavras do professor, eles passaram dos 5% do esforço anterior para cerca de 250%. Tudo o mais em sua vida ficou de lado e nada mais importou até que seus trabalhos estivessem concluídos. Embora seja possível imaginar o caos que isso deve ter produzido em outras áreas da vida durante esse período, o fato é que eles cumpriram o prazo e o trabalho que entregaram foi de muito boa qualidade. O momento chegou, eles responderam à necessidade e os resultados foram excelentes.

Os meninos também pareceram ter mudado para melhor e se tornado mais confiantes como resultado da experiência. Eles se fortaleceram com o desafio e aprenderam um pouco mais sobre quem eram e o que eram capazes de fazer. Portanto, eis algo para refletir nesse ponto: será que esse aprendizado talvez não tivesse ocorrido e o alto padrão dos trabalhos não tivesse sido alcançado se os meninos houvessem escolhido, em vez disso, trabalhar continuamente ao longo do ano?

É possível que a inércia frequentemente observada em meninos adolescentes ocorra porque os desafios colocados diante deles não são intensos o suficiente para merecer uma reação de fato? Que eles respondam apenas quando o desafio for significativo aos olhos deles, e não aos nossos? Será que reduzimos a educação a uma série de passos relativamente pequenos porque achamos que é assim que funciona, quando os meninos, na verdade, querem e precisam de um número de passos muito maiores? Há pessoas muito mais qualificadas do que eu para responder a essa pergunta e sem dúvida muitos discordariam da ideia, mas várias vezes ao longo do projeto ficou claro que é desafio o que os meninos procuram e precisam de um para se envolver plenamente.

Como resultado do aprendizado que obtive durante o Projeto Bom Homem, constatei que a habilidade de ir direto ao ponto, ou seja, focar o assunto preciso e não todas as questões associadas que nós mulheres poderíamos perceber, e tentar examiná-lo e administrá-lo, é um traço inerente aos homens. Nós, mulheres, parecemos nos mover em círculo, expandindo as bordas conforme nos movemos e acrescentando mais e mais "material". Os homens movem-se em linha reta, com frequência ignorando tudo que está dos lados enquanto se concentram no que precisa ser feito. Não foi isso que os meninos que se dedicaram aos seus trabalhos de artes fizeram, pondo de lado o que tinha que ser posto a fim de terem o tempo e o espaço necessários para fazer o que devia ser feito? Eles se sentiram motivados porque o momento havia chegado, o prazo estava à vista.

O fatalismo evidente nos meninos parece ser um traço da adolescência, um sinal de que eles ainda não sentem um controle real sobre sua vida. O mundo ainda parece um pouco grande demais, e seu lugar nele ainda não está claro, por isso eles continuam a avaliar qual adulto quer o quê deles e para quando e agem de acordo, sempre cientes das consequências de não obedecer e jogando o seu próprio jogo de riscos. É uma maneira de tornar o mundo administrável (e mais interessante) durante um período em que eles ainda acreditam que não importa de fato o que eles façam, apesar do que dizem aqueles à sua volta.

Para onde quer que eu olhasse em minhas conversas com meninos adolescentes, associado à sua capacidade de focar apenas no que precisava ser feito e à sensação de que não havia sentido em planejar nada além das atividades sociais do próximo fim de semana estava o desejo claramente discernível de viver completamente o momento. Repetidamente eles demonstravam, por ações e por palavras, que se fixar plenamente no momento é o que importa; na verdade, com frequência é só o que importa.

Em uma escola, um grupo de alunos de um dos últimos anos levou a discussão para o tópico da morte e do luto e, daí, para o tema do suicídio de jovens. Sugeri que, pela minha experiência, muitos jovens decidiram pôr fim à vida porque estavam presos em uma fase de desespero e não conseguiam ver uma saída: nesses casos, foi viver o momento, como tantos jovens fazem, que se mostrou fatal. Um aluno concordou, acrescentando "mas gostamos de viver o momento". Confirmei que isso era parte do que tornava os rapazes fascinantes, mas prossegui perguntando se ele conseguia compreender como nós, adultos, achamos assustadoras as implicações de algumas das decisões tomadas pelos jovens que amamos em seus momentos mais vulneráveis.

> REPETIDAMENTE OS MENINOS DEMONSTRAVAM, POR AÇÕES E POR PALAVRAS, QUE SE FIXAR PLENAMENTE NO MOMENTO É O QUE IMPORTA.

Ele reconheceu que conseguia entender nosso medo, então eu lhe perguntei o que ele diria aos jovens desesperados se fosse um de nós, os adultos preocupados. Sem hesitação, e com extraordinária sabedoria, ele respondeu: "Vocês só têm que ficar nos lembrando de que haverá mais momentos."

Pelas conversas que tive com os alunos, concluí que o medo do fracasso é um dos motivos que os mantêm vivendo o momento por mais tempo do que aqueles de nós que os amam poderiam desejar. O medo do fracasso aparecia regularmente nas conversas e era muitas vezes apresentado como uma razão para não tentar. Em especial, esse medo era citado com frequência no contexto da competição com meninas.

Nas palavras de um professor, "Meninos muitas vezes não vão em frente a menos que o sucesso ou alguma compensação sejam garantidos. Eles analisam constantemente o risco de evitar fazer papel de bobo e não se aventuram se houver a mais remota chance de falhar."

Se houvesse a mínima desconfiança de que poderiam ficar atrás de uma menina em algo que estivessem prestes a fazer, os meninos admitiam que preferiam não tentar a se arriscar a um fracasso. Em várias ocasiões, pareciam achar que o mundo estava contra eles: as meninas eram percebidas como melhores alunas porque eram mais organizadas em seu trabalho escolar e prestavam mais atenção a detalhes, e o mundo externo favorecia as mulheres em relação aos homens. Essa não era uma percepção mantida por todos os alunos com quem conversei, mas era comum o bastante para produzir alguma preocupação quanto à mensagem que estávamos passando aos meninos adolescentes. Há uma linha tênue entre a percepção de que meninas aprendem de um modo diferente dos meninos e a de que elas aprendem melhor. Os meninos com frequência pareciam estar recebendo esta última mensagem.

Conforme as conversas continuaram, comecei a ligar esse medo do fracasso não só ao desejo de viver o momento, mas também à relutância em planejar. Parece-me agora que os três aspectos estão inextricavelmente ligados. Consideremos a conversa a seguir com 20 alunos do último ano, academicamente capazes, apenas alguns meses antes de saírem da escola:

– Quantos de vocês sabem o que vão fazer no próximo ano?

Vinte mãos subiram.

– Quantos de vocês vão continuar os estudos em uma universidade?

Vinte mãos subiram.

– Quantos de vocês sabem que curso vão fazer?

Vinte mãos subiram.

– Quantos de vocês sabem que tipo de trabalho querem?

Três mãos subiram.

Surpresa pela súbita mudança nos números, recuei um pouco e perguntei como eles sabiam que curso iam fazer mas não sabiam o tipo de trabalho que queriam. A resposta foi imediata:

– É preciso manter as opções abertas.

Tem a ver com manter as opções abertas ou com evitar a possibilidade de fracasso? Como um aluno disse na continuação da conversa: "O emprego que você quer pode não estar lá quando você terminar os estudos, então é melhor não pensar com muita antecedência." Se, por exemplo, ele quiser ser um piloto e deixar isso claro e, quando chegar a hora, não conseguir, por qualquer razão que seja, os outros e ele mesmo, possivelmente mais ele mesmo, considerarão isso um fracasso e sua autoestima sofrerá um golpe. Nas palavras de um professor, "Meninos têm sonhos, mas o risco de fracasso os impede de chegar perto demais até estarem maduros o suficiente para saber lidar com a possibilidade de fracasso. Eles acham melhor não tentar do que tentar e falhar." Na opinião desse homem adulto, é só por volta dos 30 anos que os homens se tornam dispostos, e aptos, a lidar com a possibilidade de fracasso.

Meninos menores falam abertamente sobre o que querem ser quando crescerem, mas, durante o projeto, poucos garotos declararam seus sonhos, e os que o fizeram foi com muita hesitação. A maioria das meninas adolescentes que eu tinha conhecido parecia falar livremente de seus sonhos para o futuro ou, no mínimo, podiam ser facilmente convencidas a discutir possíveis direções futuras. Elas podem, como os meninos comentaram, mudar de ideia várias vezes, mas geralmente têm alguma noção de aonde estão indo e de como chegar lá. Será que os meninos realmente não têm nenhuma ideia de para onde vão? Eles de fato preferem lidar com essa questão quando chegar o momento ou muitos deles ficam em silêncio sobre suas esperanças e sonhos por medo do fracasso? Viver o momento é o lugar mais seguro para o menino adolescente?

> MENINOS TÊM SONHOS, MAS O RISCO DE FRACASSO OS IMPEDE DE CHEGAR PERTO DEMAIS ATÉ ESTAREM MADUROS O SUFICIENTE PARA SABER LIDAR COM A POSSIBILIDADE DE FRACASSO.

Como resultado das conversas em sala de aula, passei a acreditar que os meninos adolescentes são consideravelmente menos resilientes que as meninas da mesma idade. Houve momentos durante o projeto em que sua vulnerabilidade ficou muito evidente para mim, e eu me perguntei como conseguíamos levar tantos deles em segurança até a idade adulta. Com frequência me deixavam com a impressão de serem acidentes esperando para acontecer. A ingenuidade infantil (que muitos deles parecem manter por mais tempo que as meninas), a dependência dos colegas para definir seu comportamento, o desejo de viver no presente e a associada relutância em planejar combinam-se em um momento em que os hormônios masculinos estão furiosos dentro do corpo deles e o sangue parece fluir para baixo e não para cima. É uma mistura potente e que deixa os meninos adolescentes extremamente vulneráveis, apesar da aparência física forte.

Um tema comum de discussão era a administração e o processamento das emoções. Enquanto conversávamos, ficou evidente que a única emoção realmente aceitável que os meninos adolescentes se sentem capazes de demonstrar é a raiva. Qualquer outra emoção potencialmente negativa, como sofrimento, mágoa ou tristeza, é transmutada em raiva e administrada como tal. E quando eu lhes perguntava como lidavam com a raiva, a resposta invariável era "Batendo em alguma coisa... ou em alguém."

Como veremos adiante quando eu falar dos meninos do 12º ano, os alunos mais velhos conseguiram oferecer uma variedade de imagens relacionadas a raiva e dor. Foram muito claros ao afirmar que apenas o tempo reduz essas emoções e que nada pode ser feito para acelerar o processo. Explicaram que se afastar da emoção que estão sentindo permite-lhes destacar-se dela e, com o tempo, deixá-la ir: nesse momento, ela perde o poder. Foram categóricos ao afirmar que falar geralmente não ajuda, e não havia como convencê-los do contrário. Como um aluno disse, "Nós sentimos emoções profundamente, mas não precisamos ficar sempre falando disso." Pareciam acreditar que, com o tempo, os golpes difíceis tornam-se manejáveis, e a vida pode seguir em frente, mas que esse processo não pode ser apressado.

Aos poucos, compreendi que a ideia de não precisar falar sobre dificuldades ou situações estressantes não era parte de uma conspiração masculina para esconder essas informações das mulheres – pelo menos não sempre. Às vezes é realmente verdade que os homens, tanto adolescentes como adultos, não querem ou não precisam falar. Eles apenas querem tempo para deixar as emoções conflitantes assentarem até que possam examiná-las e tentar compreender o que estão sentindo. Ao contrário de mim, homens não organizam os sentimentos falando sobre eles. Eles os organizam e depois, às vezes, falam sobre o assunto.

Quando eu perguntava aos alunos se e quando era normal chorar, eles davam uma variedade de respostas, muitas delas extremamente bem-humoradas: "Quando jogam gás lacrimogêneo nos seus olhos", ou "Chorar é normal para coisas importantes – como quando seu filho destrói sua Ferrari." Em geral, porém, a resposta-padrão era "quando alguém morre". Alguns meninos falaram de ter visto homens adultos, inclusive os pais, chorando (geralmente em funerais ou logo depois da morte de um membro da família ou de um amigo próximo), mas a maioria nunca tinha visto e não achava que chorar fosse um comportamento masculino natural.

> CHORAR É NORMAL PARA COISAS IMPORTANTES – COMO QUANDO SEU FILHO DESTRÓI SUA FERRARI.

Quando eu indagava qual a mensagem que lhes teria sido passada sobre chorar quando eles eram crianças, a maioria concordava que o conceito "meninos não choram" estivera presente, embora nem sempre de forma declarada. Às vezes era a sensação de desaprovação que percebiam no ar quando choravam que os convencia de que era hora de parar. A maioria deles tinha ouvido frases como "Você está parecendo uma menininha." Quando eu lhes perguntava quando haviam recebido pela primeira vez mensagens negativas sobre chorar, alguns diziam que já aos 6 ou 7 anos, mas a resposta mais comum era por volta dos 10 anos de idade.

Os próprios meninos propuseram algumas ideias interessantes sobre homens chorarem e sobre terem parado de fazer isso porque lhes tinham dito para parar e, com isso, estavam negando um impulso natural, ou porque não sentiam mais a necessidade de chorar. Antes de iniciar o projeto, eu tendia a acreditar que fosse a primeira razão, que os homens tinham um instinto de chorar tão natural quanto as mulheres e que aprendiam a não chorar quando homens adultos para atender às expectativas da sociedade. Agora, já não tenho tanta certeza.

Os meninos falavam de não chorar em filmes não porque não fossem tristes, mas porque não eram "reais". (Um garoto particularmente articulado acrescentou nesse ponto que confortar meninas que choravam no cinema era uma "boa maneira de chegar mais perto". Ele moveu o braço para cima em um semicírculo como se estivesse envolvendo os ombros de uma menina, para me mostrar o que queria dizer.) Falavam de não chorar quando se machucavam porque, como um aluno expressou claramente ao mencionar um braço quebrado, "A dor estava aqui", apontando para o braço, "e o choro está aqui", apontando para o coração, "e não há ligação entre eles" – deixando claro que, para ele, chorar não é uma reação instintiva. Quando perguntei como eles reagiam quando se machucavam, a resposta inevitável era "xingando".

Falaram também de ter parado de chorar ao perceberem que isso não adiantava mais como forma de garantir que conseguiriam atenção e/ou o que queriam. Quando conversamos sobre eles chorarem como criancinhas quando caíam e ralavam o joelho ou despencavam de árvores, eles identificaram o choro nessas circunstâncias como uma reação de choque pelo acontecido e/ou um meio de obter atenção: o choro começava pela primeira razão e continuava pela segunda. Explicaram que a eficácia desse tipo de choro uma hora acabava e, então, eles paravam e encontravam outras maneiras de ganhar atenção. Como um dos alunos disse: "Chorar não muda nada, só deixa a gente sem fôlego."

A lealdade foi uma característica que os alunos associaram com frequência ao conceito de bom homem; parecia ser uma faceta importante do mundo deles. Quando perguntei como eles definiriam lealdade, recebi esta resposta: "Quando um grandalhão está vindo em sua direção e você sabe que vai levar uma surra, e seu amigo fica do seu lado e leva uma surra também." Minha resposta a essa ideia foi sugerir que isso era uma tolice, mas eles me asseguraram que era lealdade e que todo homem ou adolescente veria dessa maneira. Eu fiquei me perguntando se também seria lealdade quando o garoto afunda o pé no acelerador e atravessa o sinal amarelo incentivado pelos colegas no banco traseiro, colocando em risco a sua vida e a deles.

A lealdade aos colegas parecia fundamentar muitas das ações tomadas pelos alunos e acrescentar um peso considerável à influência potencial do grupo de amigos. Sempre que lhes era perguntado em quem se baseavam para se orientar, quem conhecia melhor a essência de sua vida e quem mais importava para eles, a resposta era sempre "meus amigos".

Muitas vezes me perguntei se isso poderia mudar depois que eles começassem a se envolver com meninas, mas sempre me garantiam que era "amigos em primeiro lugar". Só entre alguns alunos do 11º e do 12º anos houve algum reconhecimento de que um relacionamento com uma menina poderia ter precedência sobre a relação com um amigo, mas mesmo assim isso era dito em tom de dúvida.

Como um aluno do último ano disse: "A gente sempre pode conseguir uma garota, mas não é sempre que a gente consegue um bom amigo."

De acordo com outro garoto desses últimos anos: "Meninas na verdade são muito complicadas. É preciso muito planejamento para mantê-las felizes e para assumir as responsabilidades do relacionamento."

É interessante que, apesar da opinião declarada de que os amigos vinham em primeiro lugar, os meninos também admitiam que não discutiam assuntos sérios da vida com os amigos, porque não confiavam que o que eles dissessem não ia acabar vazando e se espalhando pela escola. Falavam com os colegas sobre emoções aceitáveis como raiva, mas guardavam outras mais delicadas, como estar apaixonado ou estar com medo, até que pudessem conversar sobre elas com uma menina. Diziam que faziam isso porque "ela não vai contar para ninguém", enquanto qualquer coisa que comentassem, mesmo com seus melhores amigos, acabaria caindo nos ouvidos da comunidade escolar.

Tive um pouco de dificuldade para compreender essa aparente contradição. Eles punham os amigos na frente das meninas, declaravam que uma das diferenças entre eles e as garotas era que os meninos mantinham as amizades e falavam constantemente de lealdade; no entanto, só confiavam os segredos mais íntimos sobre emoções às meninas presentes em sua vida, pressupondo que qualquer coisa que contassem aos amigos acabaria se tornando público. Ainda não sei muito bem como essas duas realidades podem coexistir e só posso presumir que, na mente dos meninos, lealdade não se relacione a apenas guardar segredos, mas a ter alguém ao seu lado no momento de enfrentar os desafios que eles vivem buscando.

Essa aparente ênfase na lealdade entre os meninos levou-me a pensar no impacto da pressão dos colegas, ou o que eu prefiro agora chamar de aprendizagem horizontal. Ao longo desses anos de adolescência, parecia ser quase inteiramente pela observação dos colegas, com o auxílio da intuição, que os alunos aprendiam o que era legal e o que não era. Isso era particularmente verdadeiro para os alunos do 9º ano, que estavam mais do que ninguém exercendo a habilidade de descartar todos os que não fossem do seu grupo de amigos, taxando-os como otários, perdedores ou manés. Mesmo os alunos mais velhos, que pareciam mais capazes e abertos a aceitar os conselhos e as opiniões de outros adultos, ainda filtravam esses conselhos e opiniões pela atitude dos colegas.

> OS MENINOS FALAM COM OS COLEGAS SOBRE EMOÇÕES ACEITÁVEIS COMO RAIVA, MAS GUARDAM OUTRAS MAIS DELICADAS, COMO ESTAR APAIXONADO OU ESTAR COM MEDO, ATÉ QUE POSSAM CONVERSAR SOBRE ELAS COM UMA MENINA.

Os alunos observavam o que acontecia quando "ele" dizia isso ou fazia aquilo e, caso houvesse uma resposta positiva do restante do grupo, aquilo era armazenado como uma palavra ou um ato que poderiam usar em algum momento posterior, quando houvesse a necessidade de causar boa impressão. Se outro aluno, em determinada situação, fazia papel de bobo, eles faziam um registro mental para nunca agir como ele. Se um membro de seu grupo de amigos comentasse que um professor era "gente fina" ou um "babaca", geralmente havia um murmúrio geral de concordância.

Em vez de encarar a pressão dos colegas como uma força negativa, comecei a perceber nela uma estratégia considerável para o bem se aprendermos a usar os canais que ela proporciona para levar aos meninos adolescentes o tipo certo de informações. Talvez só precisemos aprender a usar o filtro da atitude dos amigos de um modo mais eficaz do que fazemos atualmente. Acho que nós, os adultos que participam da vida de meninos adolescentes, gastamos muita energia combatendo a influência dos amigos, em vez de tentar usá-la para nossos próprios fins: manter seguros os jovens que amamos; desafiá-los de maneiras positivas enquanto eles atravessam a ponte da adolescência; e ajudá-los a crescer e se transformar nos bons homens que têm o potencial de ser.

O funcionamento da mente dos meninos adolescentes continua a ser uma fonte de espanto e admiração (e diversão) para mim, como tenho certeza de que é também para muitos dos que enfrentam a situação de um filho que, de repente, se tornou um grunhidor monossilábico. Pode parecer que não há muito acontecendo na sua cabeça, mas o projeto me ensinou o oposto: muito acontece lá dentro. Nossa paz de espírito está em nossa capacidade de confiar no processo, saber que nosso filho não será assim para sempre e aprender a reconhecer o que estamos vendo e por que ele está se comportando desse modo. Isso nos permitirá apreciá-lo e rir com ele – e há muitas risadas à espera.

- ♦ Reconhecer seu desejo de viver o momento, sua incapacidade e/ou relutância em planejar a vida.

- ♦ Será que fizemos da educação uma série de passos relativamente pequenos porque achamos que é assim que funciona, quando os meninos, na verdade, querem e precisam de um número menor de passos muito maiores?

- O fatalismo evidente nos meninos parece ser um traço da adolescência, um sinal de que eles ainda não têm controle real sobre a vida.

- O medo do fracasso mantém os meninos vivendo o momento por mais tempo do que aqueles de nós que os amam poderiam desejar.

- Há uma linha tênue entre a percepção de que meninas aprendem de modo diferente do que os meninos e a de que elas aprendem melhor.

- Os meninos são consideravelmente menos resilientes do que as meninas da mesma idade.

- A única emoção realmente aceitável que os meninos adolescentes se sentem capazes de demonstrar é a raiva.

- Os meninos com frequência associam a lealdade ao conceito de bom homem; essa é uma faceta importante do mundo deles.

- Eles falam com os colegas sobre emoções aceitáveis, como raiva, mas guardam outras mais delicadas até poderem conversar sobre elas com uma menina.

- Nunca subestime o poder exercido pela pressão dos colegas, ou aprendizagem horizontal, em meninos adolescentes.

CAPÍTULO 4

A ponte da adolescência: do 7º ao 12º ano

Já me referi aqui várias vezes à ponte da adolescência. Talvez seja o momento de explicar melhor a ideia.

Esse conceito me ocorreu enquanto criava minha filha e meu filho. Quando me aproximei da ponte com minha filha, a mais velha dos dois, tinha consciência de que estávamos iniciando um novo estágio, mas eu achava que não havia problema se entrasse na ponte com ela. Ela era uma menina, e sua viagem pela ponte faria dela uma mulher. Eu sou uma mulher e, por mais que nossas visões de mundo pudessem ser diferentes, estávamos destinadas a ter muito em comum, qualquer que fosse o caminho de vida escolhido por ela. Poder estar ao lado dela na ponte da adolescência não tornou a viagem doce e leve. Às vezes, ela corria à minha frente com entusiasmo; outras vezes caminhava atrás de mim, com o espetacular mau humor que apenas meninas adolescentes conseguem ter (e, em geral, por nenhuma outra razão além de você ter olhado para ela com a expressão errada naquela manhã ou, talvez, porque aquele foi o dia em que ela se perguntou por que Deus tinha resolvido fazer você a sua mãe). Mas, durante boa parte da jornada, caminhamos lado a lado e, ocasionalmente, até nos demos as mãos.

A ponte da adolescência

Fazer amigos — 11 — 12 — Regras rígidas — 13 — 14 — Chances de cair — 15 — 16 — Regras diminuem... — 17 — 18

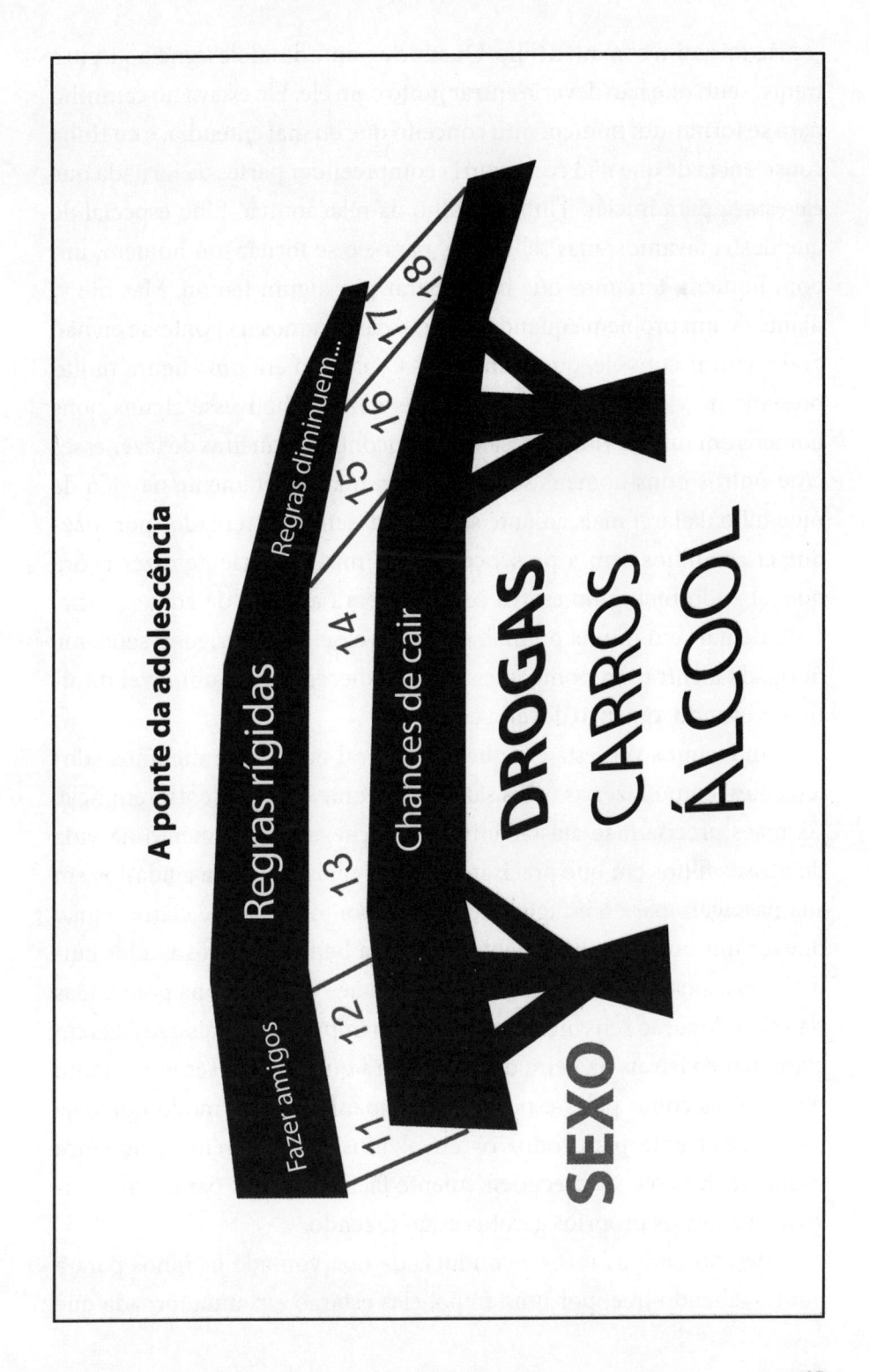

SEXO
DROGAS
CARROS
ÁLCOOL

Não foi assim com meu filho. Quando a ponte da adolescência surgiu à frente, senti que não deveria entrar junto com ele. Ele estava no caminho para se tornar um homem, um conceito que eu mal entendia, e eu tinha consciência de que não conseguiria compreender partes da jornada que ele estava para iniciar. Tinha orgulho da relação mãe-filho especial de que desfrutávamos, mas sabia que, para ele se tornar um homem, um bom homem, teríamos que nos separar por algum tempo. Mas me vi diante de um problema quando nos aproximávamos da ponte: se eu não podia entrar com ele, quem entraria? O pai não era uma figura muito presente na vida dele naquela época e, embora houvesse alguns bons homens em minha vida, o desafio era encontrar maneiras de fazer esses e/ou outros bons homens se envolverem mais diretamente na vida de meu filho. Falarei mais adiante sobre os desafios enfrentados por mães que criam filhos sem a presença do pai, mas é suficiente dizer agora que, quando meu filho estava correndo para a ponte da adolescência, cedo demais em minha opinião e a uma velocidade perigosa, senti-me obrigada a entrar na ponte, mesmo reconhecendo, em um nível intuitivo profundo, que não deveria estar ali.

Como vamos ver, esta é a questão central na vida de meninos adolescentes: como fazer as mães saírem da ponte e os pais entrarem nela. As mães precisam se afastar um pouco; chega um momento na vida de nossos filhos em que precisamos pegar mais leve para ajudá-los em sua passagem para o estágio adulto. Um ponto, porém, é claro: se não houver um homem nitidamente visível na beira da ponte a cujos cuidados elas possam confiar seus filhos, as mães vão entrar na ponte. Elas não abandonarão seus meninos. O desafio imposto aos pais é se fazerem claramente visíveis na beira da ponte, para que possam ser vistos tanto pelos filhos como pelas esposas ou companheiras, de modo que haja tempo suficiente para todos os envolvidos se ajustarem à mudança iminente. E isso é surpreendentemente fácil se apenas pararmos e ouvirmos o que os próprios garotos estão dizendo.

O desafio para as mães é conduzir de boa vontade os filhos para a ponte, sabendo que, por um tempo, eles estarão em uma jornada que elas só poderão observar de longe. Isso não tem nada a ver com mães abandonarem seus filhos; tem a ver com o fato de aceitarem que, por um tempo, elas caminharão ao lado da ponte da adolescência, e não dentro dela; ou, se não conseguirem de forma alguma ficar fora da ponte, que pelo menos terão que se comprometer a andar na lateral, em vez de marchar pela pista central orientando o tráfego, como eu passei boa parte do tempo fazendo. Isso também é surpreendentemente fácil se apenas pararmos e ouvirmos o que os próprios meninos estão dizendo, embora, em minha experiência, os meninos acabem tendo que dizer um pouco mais enfaticamente, por causa da crença das mães de que sabem melhor do que ninguém quais são as necessidades de seus filhos amados.

Por enquanto, vamos voltar à questão do que os meninos podem precisar (em contraposição ao que podem querer) enquanto atravessam os vários estágios da adolescência.

É evidente para todos que trabalham com eles que os meninos gostam de limites claros: gostam de saber o que é exigido deles, por quem e o que acontecerá se não fizerem o que está sendo pedido. Gostam das coisas simples e são extremamente pragmáticos ao avaliar o que farão ou não. Dado isso, e o fato de que, em seus primeiros anos de adolescência, eles estão inundados de testosterona, parece inteiramente apropriado que, nesses estágios iniciais da educação secundária, não lhes seja concedido muito poder de escolha em relação a regras escolares e ao modo como a escola opera.

Durante o tempo em que passei nas salas de aula das várias escolas, comecei a desenvolver um olhar crítico da educação dos meninos e do que eles precisam para ajudá-los em seu aprendizado e para mantê-los seguros enquanto avançam em sua trajetória.

Estas foram as perguntas que inicialmente fiz a mim mesma ao procurar o tipo de imagem visual que explicasse o que eu estava vendo: se fôssemos trazer um grupo de meninos para uma sala em que eles teriam que passar os próximos seis anos de sua vida, o que essa sala precisaria conter para facilitar o aprendizado deles? Em que aspectos essa sala é diferente pelo fato de servir à educação de meninos e não de meninas? Que mudanças precisariam ocorrer na sala ao longo dos seis anos para ajustá-la ao processo de crescimento pelo qual os meninos vão passar? Minhas observações dos meninos que conheci nas salas de aula deram-me essas respostas.

Quando entra na escola secundária, o menino precisa, em sentido metafórico, ser levado a uma grande sala sem bagunça. Qualquer objeto que estiver no chão deve ser recolhido e guardado. É preciso que haja muito espaço na sala, porque, durante os seis anos seguintes, ele vai estar em movimento, física, mental e emocionalmente. Isso não significa que não lhe possa ser pedido que se sente em uma carteira e aprenda, mas sua cabeça e, com muita frequência, seu corpo, não ficarão parados a não ser que ele esteja dormindo; mesmo assim, a imobilidade não é garantida. Nosso empenho para educá-lo e fazê-lo alcançar seu potencial dependerá de nossa capacidade de criar uma conexão enquanto ele continua em movimento. Ele passará quase todo o tempo que estiver na sala brincando, fará contato físico, às vezes rude, com quase todos os meninos com quem interagir enquanto brinca e será por meio da brincadeira, e não da exigência a permanecer sentado, que aprenderá. O aprendizado ocorrerá enquanto se movimenta.

Em relação a essa ideia de movimento incessante, é interessante comentar sobre a existência de uma carteira de sala de aula, projetada na Nova Zelândia (e agora disponível na Austrália), que leva em conta a necessidade de movimentação dos meninos. A opinião de alguns professores de meninos é que essa engenhosidade neozelandesa está fazendo maravilhas em sala de aula; algumas professoras mulheres que precisam lidar com a atividade física dos meninos em sua vida cotidiana têm feito fila para dar um beijo nos projetistas.

Em que aspectos a sala é diferente por servir para a educação de meninos e não de meninas? Em minha opinião, se uma menina fosse ocupar a sala pelos próximos seis anos, seria preciso marcar nessa sala uma série de rotas. Ela pode não ser capaz de dizer de imediato, mas em algum lugar da cabeça de uma menina adolescente sempre há um plano. Hoje ela quer ser comissária de bordo; amanhã, uma astrofísica; no outro dia, uma veterinária... depois volta para a ideia da comissária de bordo. Ela passará boa parte da adolescência pulando de uma rota para outra, e sua motivação para aprender será baseada na rota em que estiver no momento.

O menino não quer estar em uma rota. Coloquem-no em uma, e ele imediatamente pulará para fora. Ele quer poder correr e brincar, viver o momento e curtir o fato de que, nesse instante, está exatamente onde precisa estar e não há nenhum outro lugar para onde precise ir.

Que mudanças precisam ocorrer na sala ao longo dos próximos seis anos para ajustá-la ao processo de crescimento pelo qual o menino vai passar? Vamos definir as mudanças de acordo com as séries letivas que ele atravessará na escola secundária, mas, ao fazê-lo, é importante ter em mente que, em grau significativo, as mudanças que discutiremos aqui são estereotípicas. Sempre haverá meninos que se moverão mais depressa ou mais devagar pelos vários estágios e haverá outros que pularão totalmente alguns estágios. Que alegria para a mãe de um menino que pulasse o estágio do 9º ano! Embora essas diferenças existam, estou segura de que os estágios de desenvolvimento que vou descrever são a norma para a maioria dos meninos adolescentes, ou pelo menos para os meninos que tive a sorte de conhecer durante o projeto.

7º – 8º anos

Ainda dá para ver o menino em um aluno do primeiro ano do ensino secundário – viçoso e alegre, ainda uma criança, ainda engraçadinho. Quando chega aos portões do ensino secundário, ele tem ciência de estar começando uma nova fase da vida. Tem os olhos levantados e observa os alunos mais velhos. Quando entra em uma escola só de meninos, é como se visse uma faixa pregada sobre a porta com os dizeres: "Bem-vindo ao mundo dos homens." Precisamos focar a atenção dele nesse momento e prendê-la ali, apenas por um breve intervalo, mantendo-o parado enquanto plantamos a ideia em sua cabeça de que um dia estará lá, um dia será um aluno do 12º ano. Precisamos aproveitar ao máximo esse momento, porque logo seus olhos vão baixar e ele não olhará para cima de novo por algum tempo. Se pudermos pôr em sua cabeça nas primeiras semanas a noção de que um dia ele também será um aluno de último ano na escola, teremos feito muito para tornar isso realidade e prestaremos um grande favor à sociedade em geral.

Durante o tempo em que passei em escolas masculinas, tornei-me grande fã da ideia de manter os meninos na escola secundária por seis anos. Claro que sempre haverá aqueles que sairão antes por circunstâncias pessoais ou devido aos caminhos que escolheram, e eu não gostaria de ver um mundo em que os meninos *tivessem* que permanecer os seis anos inteiros. O que eu gostaria de ver é uma mudança de paradigma, de modo que a expectativa não fosse mais de que o menino fará quatro anos na escola secundária e talvez fique por mais dois, mas de que a maioria cursará seis anos e apenas alguns sairão antes.

> A PRINCIPAL NECESSIDADE DE UM MENINO NO CAMINHO PARA A VIDA ADULTA É TEMPO: TEMPO PARA ENTENDER QUEM ELE É E QUEM ELE QUER SER; TEMPO PARA ENCONTRAR SEU LUGAR NO MUNDO QUE O ESPERA.

As razões pelas quais agora tenho essa opinião estão ligadas à minha experiência no sistema prisional e à constatação de que a principal necessidade de um menino no caminho para a vida adulta é tempo: tempo para entender quem ele é e quem ele quer ser; tempo para encontrar seu lugar no mundo que o espera. O que quer que ele queira fazer quando sair da escola, ficar lá por seis anos lhe dá o tempo necessário e o mantém mais estável enquanto lida com a turbulência da adolescência. E, se conseguirmos mantê-lo assim, reduzimos as chances de que entre por uma porta de prisão porque, como tantos jovens, tomou uma decisão estúpida.

Quando o menino começa a escola secundária, a vida é extraordinariamente simples para ele. Seu foco limita-se a apenas quatro questões: o que eu tenho de fazer?; para quando?; para quem?; e o que acontece se eu não fizer? Ele não quer explicações longas e detalhadas para nada; não quer saber por que foi imposta determinada penalidade ou mesmo por que você acha que ele deveria fazer o que lhe pediu que fizesse.

Há, porém, um pequeno complemento ao "o que acontece se eu não". Ele precisa saber que, ao lhe impor qualquer penalidade por algo malfeito ou por expectativas não atendidas, o mundo estará sendo justo. Se ele fizer algo e receber uma determinada penalidade; então se Jimmy fizer o mesmo, a penalidade deve ser igual. Ele não quer uma explicação sobre como Jimmy vem de uma família problemática e que, por isso, precisamos ser mais complacentes com ele: não está nem aí para a família de Jimmy e/ou para qualquer razão que possa ser apresentada para justificar que lhe seja dado tratamento diferente. Sua versão de justiça é assim: se isso é o que acontece a mim se eu fizer ou não determinada coisa, isso é o que deve acontecer a todos nós.

O menino de 7º/8º ano está interessado apenas em se divertir e aprender, de preferência ambos ao mesmo tempo. Sendo assim, o que mais precisamos fazer para preparar adequadamente o espaço que criamos para sua educação? Tiramos tudo do chão da sala para lhe dar o espaço necessário, mas do que mais ele precisa? Em termos daquilo em que está mais interessado – o que tenho que fazer e para quando –, temos que criar um limite claramente visível que demarque os contornos da sala sem deixar brechas.

Ele precisa saber onde esses contornos estão e ser capaz de vê-los de qualquer posição em que se encontre. Os limites devem, portanto, ser marcados com cores vibrantes. Também precisam ser firmes, porque o menino vai se lançar contra eles regularmente nos próximos dois anos e deve poder ricochetear sem se machucar. Pense nos coloridos castelos infláveis em que as crianças brincam nos parquinhos, ou em uma série de grandes pneus de borracha pintados nas cores primárias. Paradoxalmente, é só o limite – o quê, para quem, quando e o que acontece – que lhe dá a liberdade para relaxar e aprender. Se ele não puder ver o limite do lugar onde se encontra na sala, sairá à sua procura e, se não o encontrar, simplesmente continuará andando e então nós, e ele, estaremos em apuros. A primeira parte da jornada no 7º ano é caminhar até o limite, portanto é melhor colocá-lo logo no lugar.

Além de ser firmes e muito coloridos, os limites precisam de algo mais: é preciso passar uma leve corrente elétrica por eles. Isso é apenas por uma precaução extra de segurança. Quando o menino se deparar com os limites pela primeira vez, vai tocá-los para experimentar como é a sensação, o quanto eles são reais, e, como parte do aprendizado, precisa sentir o pequeno choque nos dedos. É isso que lhe diz que os limites são reais, que as pessoas presentes em sua vida estão observando, que elas se importam e são sinceras em seu desejo de mantê-lo seguro.

Em termos reais, a corrente elétrica é o esforço que precisa ser dedicado a reforçar repetidamente a ideia de que um determinado padrão de comportamento é esperado e que, se isso não for cumprido, haverá consequências muito definidas. Esse é um ano que tem tudo a ver com sondar o quanto os adultos estão levando a sério as regras e expectativas de comportamento de que (em sua opinião) vivem falando. Como disse um menino do 7º ano: "É, eu sei que é uma regra, mas vou testá-la assim mesmo." Um choquinho rápido da leve corrente elétrica que passa pelos limites focará sua atenção e o trará de volta ao meio da sala, onde ele começará o aprendizado que o aguarda.

9º ano

E, assim, a jornada começa de fato. Quando se aproxima do final do ensino primário e passa o 9º ano, ele começa a demonstrar para todos à sua volta, entre eles para a mãe, em estado de choque, que tem agora um controle muito bom de seu mundo e está ansioso para que a diversão comece de verdade. De repente, seus pais não sabem nada e qualquer coisa que lhe seja dita por um adulto é uma trama para arruinar sua diversão; ele não tem mais os olhos erguidos para os maiores e parece que nunca mais vai levantá-los; a testosterona começa a mostrar sua presença e os interesses dele estão inextricavelmente ligados às funções corporais; o sangue que corre pelo seu corpo começa a fluir para baixo e muito pouco dele faz o caminho de volta para cima. De repente, e quase sem aviso prévio, aquele menino fofo transformou-se em um grunhidor monossilábico.

– Como foi a escola?
– Boa.
– Aconteceu algo interessante?
– Não.
– O que aprendeu hoje?
– Só coisas chatas.
– Aconteceu algo que eu precise saber?
– Não.

O menino educado e angelical, cheio de esperança e promessa, que entrou na escola dois anos atrás mutou-se em um ser praticamente irreconhecível. É melhor admitir de uma vez que o bom senso mudou de endereço e não vai estar de volta por algum tempo. Ele agora é um gigante de 3 metros de altura e à prova de balas e todos os adultos que ele conhece (e todos os meninos mais velhos na escola) são controladores, perdedores, manés ou otários – ou talvez os quatro ao mesmo tempo. Não há nada que você possa lhe dizer que tenha qualquer relevância na vida dele; as únicas informações que ele recebe de bom grado são as que vêm dos colegas. Tem um cérebro incrível começando a se desenvolver, mas, ao mesmo tempo, também está desenvolvendo uma extraordinária capacidade de filtrar tudo que vem dos adultos acima dele. Se, como adulto, você lhe dá uma única informação que ele saiba, ou possa provar que está errada, durante esse próximo período da vida dele cada informação que sair de sua boca será lixo, e você não será mais alguém em quem se possa acreditar.

Então, quando um educador vai à sala de aula para falar sobre álcool e drogas e diz "Se você beber seis latas de cerveja em uma hora, isso vai lhe causar danos sérios", e o garoto sentado ali pensa que bebeu dez latas em meia hora no sábado anterior e ainda está respirando, a conclusão que ele tira é de que essa é apenas mais uma bobagem de adultos. Quanto ao educador dizer que, quando ele tiver 35 anos, haverá consequências por ter maltratado tanto seu corpo aos 15, pode esquecer. Ele está trabalhando com enorme diligência para viver o momento e o máximo que pode pensar à frente é no próximo fim de semana. A ideia de como poderá ser sua vida aos 35 anos, ou mesmo aos 20, é grande demais para ser considerada. E não há nenhuma boa razão para tentar fazer isso. É o presente que interessa a ele, é o presente que ocupa sua atenção e seu principal objetivo é fazer do presente um tempo de diversão.

Ele voltou a ser como um menino de 6 anos que quer tirar o fundo do relógio para descobrir como ele funciona – só que, agora, não está mais brincando com relógios. Este é o ano mais perigoso; é o momento em que ele está mais em risco, tanto para o resto do mundo como para si mesmo. Ele vira uma garrafa de uísque garganta abaixo com entusiasmo, com o principal objetivo de ver a que distância consegue projetar o vômito e se pode vomitar mais longe que o colega que acabou de fazer o mesmo. Para ele, isso é um projeto de ciências, sem nada a ver com a realidade, e ele está fascinado. "Consigo beber uma garrafa de uísque em tanto tempo e depois projetar o vômito a tal distância. Meu colega só consegue até aqui. Isso é interessante. Vamos tentar de novo."

> O MAIOR PRESENTE QUE SE PODE DAR A UM MENINO NESSE ESTÁGIO DE DESENVOLVIMENTO É NÃO TENTAR LHE OFERECER INFORMAÇÕES QUE ELE NÃO PEDIU, MAS, QUANDO ELE VIER PROCURÁ-LO COM INFORMAÇÕES QUE COLHEU POR AÍ (...), ENTRAR DE CABEÇA NA DISCUSSÃO COM ELE.

Nesse período de sua vida, o melhor que podemos fazer por ele é dar-lhe informações reais, confrontá-lo abertamente em sua crença beligerante de que sabe tudo e aproveitar todas as oportunidades que nos apareçam para lembrá-lo tão gentilmente quanto possível que ele, na verdade, não sabe. Não precisamos trabalhar para destruí-lo; só precisamos manter viva nossa consciência de que de fato sabemos uma ou duas coisinhas como resultado de nossas experiências de vida.

O maior presente que se pode dar a um menino nesse estágio de desenvolvimento é não tentar lhe oferecer informações que ele não pediu, mas, quando ele vier procurá-lo com informações que colheu por aí e que está convencido de serem certas porque servem em qualquer argumento, entrar de cabeça na discussão com ele. Diga-lhe o que pensa ser verdadeiro para você e mantenha-se firme à sua sabedoria de adulto, mesmo que a situação inevitavelmente fique difícil devido à crença enraizada dele de que as suas ideias são baseadas em seu sempre presente desejo de arruinar-lhe a diversão.

É importante lembrar, quando se entra em um debate com um menino do 9º ano, que há uma forte chance de perder. Ele é um debatedor muito habilidoso quando o objetivo é validar sua posição – questionando por que você deve autorizá-lo a ir à festa, por que a escola é chata e o castigo foi injusto – e, nos meses desde que sua testosterona começou a fluir para valer, ele desenvolveu uma capacidade incrível de recolher os fatos que apoiem sua argumentação, as partes que sejam relevantes para ele, e descartar o resto.

Vou dar um exemplo de um debate típico com um grupo de meninos de 9º ano. Sempre que eu tocava no tema do uso de álcool e drogas, era comum os meninos desse nível quererem debater os méritos da maconha em relação ao álcool e por que ela deveria ser legalizada.

– Está bem, vocês acham que a maconha é melhor que o álcool. Digam-me por quê.

– Ah, a maconha é muito melhor para a gente.

– É mesmo, como assim?

– Ela acalma. O álcool faz a gente ficar agressivo e se meter em encrencas.

E de outro menino:

– Veja só, os caras da polícia fumam, os professores fumam, são todos uns hipócritas. Por que todo mundo pode, menos nós?

Tendo sido puxada para a discussão, decidi fazer o que adultos fazem e comecei a explicar os fatos como os entendia: tetraidrocanabinol, tecido adiposo no cérebro, o álcool é eliminado do organismo em 24 horas, mas a maconha permanece lá por até seis semanas, dissolvendo os sonhos, e deixando os garotos com preguiça demais para tomar iniciativas... Nesse ponto, parei e olhei em volta. Era evidente que não havia o menor interesse pelo que eu dizia. Eu podia ver minhas palavras saindo da boca, flutuando sobre a cabeça deles e indo embora pela janela dos fundos. Elas não estavam sequer sendo registradas pelos meninos à minha frente.

Fiz uma pausa, pensei se aquilo poderia me acarretar algum processo e decidi arriscar.

– Na verdade, meninos, há apenas uma razão para vocês não fumarem maconha.

– Ah, é? Que razão?

– Porque ela detona a cabeça de vocês. Não vai ser tão ruim quando tiverem 23 anos, mas está prejudicando agora, por causa de tudo que vem acontecendo no corpo de vocês neste estágio do desenvolvimento, então eu sugiro que pulem fora.

Nesse momento, eles entraram na conversa. Não permaneceram nela por muito tempo – foi um breve momento de conexão –, mas entraram. Não me iludo nem por um instante de ter demovido todos eles da ideia de fumar maconha, embora pelo menos os tenha feito parar para pensar.

No verdadeiro estilo de meninos de 9º ano, a conversa sobre esse tema específico não parou aí. Um menino do fundo da sala levantou a cabeça, sorriu para o colega sentado ao seu lado e disse:

– Ei, a senhora esqueceu uma coisa.

– É mesmo? O quê?

– Maconha faz a gente ficar muito bom na cama.

O barulho cresceu na sala, com os meninos se divertindo com a ideia de que tinham me pegado nessa. Mas a experiência de trabalhar na prisão prepara para a maioria das situações, então eu apenas sorri para ele sem desviar o olhar e disse:

– Na verdade, tenho uma notícia para você.

– Qual?

– Pergunte para alguma mulher mais velha. A maconha faz você *pensar* que está sendo muito bom na cama.

A expressão dele foi cômica, e eu me perguntei por um instante o que passaria por sua mente na próxima vez em que pegasse um baseado.

O conselho que dou em relação a meninos do 9º ano é este: não procure entrar em debates com eles; porém, caso se veja envolvido em um, não evite a conversa. Se você for professor, provavelmente terá que moderar um pouco a linguagem – não terá a liberdade que eu tive no projeto –, mas vá tão longe com eles quanto puder, sempre atento para não ir além do que eles possam administrar. Meninos do 9º ano querem que entremos no território deles e expliquemos o mundo como o vemos, e isso apenas quando somos convidados – e vale ressaltar que o convite é feito com seus comentários de confronto. Estão nos testando, e precisamos demonstrar coragem – coragem moral –, encontrando-os onde eles pediram que os encontrasse.

Então, voltando à nossa sala metafórica, que diferenças ela deve ter agora para acomodar um menino do 9º ano? Ela será exatamente igual a como era para o 7º e 8º anos, mas agora, em vez de uma leve corrente elétrica, precisamos passar a rede nacional de energia pelos limites. O garoto sente sua força crescendo, acha que já entende como o mundo funciona, considera-se dono do próprio destino e, se deixado por sua própria conta, ultrapassará os limites e sairá para o mundo que espera lá fora, um mundo para o qual, na verdade, ele não está pronto. É importante que os adultos a sua volta tenham claro que, embora ele esteja começando a parecer adulto, ainda é apenas um garoto e qualquer impressão que dê de ter e estar usando bom senso é mera ilusão. Uma hora vai voltar, mas acredite em mim quando digo que, nesse ponto, não há uma gota sequer de bom senso operando em seu cérebro e, em uma tentativa de mantê-lo seguro e no caminho certo, pais e professores devem dar-se as mãos e trabalharem juntos. Ele precisa ser mantido no centro da sala, bem longe dos limites. E isso, na verdade, é exatamente o que ele quer que você faça.

O menino do 9º ano pode ser agressivo ao extremo e passar boa parte do tempo nesse estágio forçando violentamente os limites (ou lançando-se de cabeça contra eles), mas sabe quais são suas limitações e quer manter-se seguro. Ele não vai articular isso, nem sabe como.

Mais adiante, quando eu falar sobre intuição, vou explicar por que, na minha opinião, ele se tornou monossilábico, mas no fundo quer a rede nacional de energia eletrificando os limites. Quer saber, em algum nível, que isso é o que o manterá seguro e que essa é a prova do amor das pessoas por ele.

Em termos reais, o nível mais alto da corrente elétrica significa promover um reforço ostensivo dos limites, aplicar as medidas com rapidez e deixar claro que há um limite para a quantidade de debate em relação à quebra das regras. Ele gastará energia considerável tentando encontrar novas razões para não ser considerado culpado por seu comportamento: não lhe dê muito espaço para isso.

Depois de eu estar no projeto há algum tempo, um professor me disse: "Passo um tempo enorme tentando encontrar um modo de melhorar meu relacionamento com os meninos do 9º ano." Eu ri e respondi: "Eu não me preocuparia. Se você conseguir se relacionar com eles, isso é um bônus; mas não gaste sua energia tentando fazer isso. Simplesmente ensine sua matéria. Imagine que você começa o ano com uma classe de 9º ano com 3.500 sementes nas mãos para cada menino da turma e, ao longo do ano, vai jogar as sementes para eles. Se chegar ao fim do ano e pelo menos uma dessas 3.500 sementes tiver se alojado no tecido cerebral deles, sua tarefa terá sido um sucesso."

Um menino nesse estágio não quer ser envolvido nas complicações da vida. Ele quer que tudo seja simples. Olhando para trás, percebo agora que, quando meu filho estava nesse estágio de desenvolvimento, eu achava que ele ia ficar ali para sempre e me perguntava onde encontraria energia para aguentar. Decidi que, em vez de me arriscar a que ele ficasse ali, era meu dever puxá-lo para fora. Então, passei muito tempo com as mãos nos braços dele, tentando levá-lo para a frente, explicando-lhe com inacreditáveis detalhes as possíveis consequências do comportamento que ele vinha exibindo. Agora sei que ele não vai ficar nessa fase para sempre. Lidar com ele nesse ponto tem a ver com esperar, deixá-lo percorrer o estágio no próprio ritmo e, acima de tudo, mantê-lo abrigado enquanto faz isso.

Em uma conversa com pais e mães sobre como lidar com meninos do 9º ano, uma mãe me disse: "Posso até dizer que não o deixo ir à festa, mas, na verdade, não tenho como impedi-lo. Se eu o mandar para o quarto, é bem provável que ele pule a janela e vá de qualquer modo." Minha resposta foi confirmar que provavelmente aconteceria assim, e que cabia a ela garantir que ele fizesse isso uma única vez. "Todos os meninos que conheço", disse a ela, "mesmo o pior deles, têm pelo menos uma coisa na vida que eles amam. Você é a mãe; você é a pessoa que o conhece melhor nesta etapa da vida. Se ainda não souber o que ele mais ama, e imagino que já saiba, descubra o que é e tire dele. E juntem forças. Quando ele disser: 'Como fui cair justo com a pior mãe? Todas as outras mães deixaram os filhos irem à festa', responda: 'Não, mesmo. Acabei de telefonar para todas e nenhuma deixou.' Ou: 'Nós todas concordamos que vocês podem ir e ficar até as 11h30. Nessa hora, todas vamos buscá-los para ir embora.'"

Isso é como uma guerra de guerrilha; tem tudo a ver com os pais juntando forças entre si e com os professores. Precisamos aprender a mantê-lo estável e nos incentivarmos nesse esforço. No mundo atual, em muitos aspectos nós o estamos deixando à vontade, achando que já está crescido; mas ele não está, e ele é perigoso, tanto para os outros como, principalmente, para si mesmo. Ele é bonito e intuitivo e logo chegará o momento em que poderemos deixá-lo à vontade e observar seu crescimento. Nesse estágio do desenvolvimento, no entanto, temos que entender quanto ele precisa dos limites, quanto precisa que nós liguemos a rede elétrica nacional.

Um menino do 9º ano descreveu como foi discutir com a mãe a respeito de uma festa com alguns dos colegas em volta.

– Eu quero ir.

– Mas não vai.

– Isso não é justo, todos os outros vão.

– Mas você não vai.

– Por que tive que ter uma mãe tão horrível? Por que não me deixa ir?

A mãe manteve-se firme e, no fim, ele se afastou furioso.

Quando lhe perguntei "E o que você fez depois?", ele respondeu: "Quando saí, e meus colegas não podiam mais ver meu rosto, eu sorri. Não queria mesmo ir à festa, mas precisava que minha mãe fosse dura com isso na frente dos meus amigos, para eu poder dizer que tinha sido por culpa dela."

10º ano

E, assim, o 9º ano acaba chegando ao fim, com algum alívio para todos os envolvidos (exceto, talvez, para os professores, que terão outra classe no ano seguinte – em minha opinião, os funcionários que trabalham com meninos de 9º ano merecem medalhas). Mas, para aqueles de nós que podem agora focar o estágio seguinte de desenvolvimento, vemos que o homem está começando a surgir. São breves relances, porém muito bem-vindos. Ocasionalmente, de forma totalmente espontânea, você vai ouvir dele frases de até cinco palavras e pode, então, permitir-se um silencioso momento de comemoração. Advertência para as mães: quando a frase de cinco palavras vier, não olhem para ele com expressão de alegria. Se fizerem isso, vai demorar um bom tempo para conseguirem outra.

Agora que seu filho é um aluno do 10º ano, a vida ficou um pouco mais séria, mas ainda há tempo de sobra para brincar. Ele trabalhará por curtos períodos com a ideia de ser um homem; contudo, a intervalos regulares, voltará invariavelmente, e com considerável entusiasmo, a ser um menino. Em termos de nossa imagem, a sala metafórica, nada muda nesse ponto. Embora ele já não se aproxime tão frequentemente dos limites e geralmente não tente ultrapassá-los, a rede elétrica nacional deve permanecer ligada e com a mesma potência. Seu papel nesse ponto não é mantê-lo do lado de dentro; é dar-lhe segurança. Se a desligássemos nesse momento, ele ficaria assustado: já se acostumou ao zumbido, e o silêncio o apavoraria, indicando-lhe que agora está definitivamente no caminho para a vida adulta e não pode escapar. Ele sabe que o tempo está passando e que logo terá que pensar em sair da escola e fazer escolhas por si mesmo, mas, nesse estágio, seu pedido é "Ainda não, ainda há mais jogos para jogar, mais momentos de diversão." O zumbido tranquiliza-o de que ainda *há*, de fato, tempo para mais jogos, para mais diversão. E alguns meninos podem ainda fazer a ocasional investida contra os limites em momentos de loucura; portanto, para eles, a rede elétrica nacional ainda não esgotou seu uso ou aplicabilidade.

> ELE SABE QUE O TEMPO ESTÁ PASSANDO E QUE LOGO TERÁ QUE PENSAR EM SAIR DA ESCOLA E FAZER ESCOLHAS POR SI MESMO, MAS, NESSE ESTÁGIO, SEU PEDIDO É "AINDA NÃO, AINDA HÁ MAIS JOGOS PARA JOGAR, MAIS MOMENTOS DE DIVERSÃO."

11º ano

No 11º ano, a corrente elétrica pode ser desligada com segurança, pois o processo de maturação agora está plenamente em andamento. Ele ainda é um sujeito bastante despreocupado, ainda vive muito no momento e aproveita qualquer oportunidade para se divertir, mas também começa a apresentar sinais definidos de que o bom senso está voltando. Passará partes importantes do ano caminhando até os limites e sentando-se sobre eles, olhando para o lado de fora e refletindo sobre suas opções. Depois de deliberar por algum tempo, descerá, voltará para o meio da sala e começará a jogar outro jogo. Ele se move continuamente entre a porta para a infância e a porta para a vida adulta e, nesse movimento de um lado para o outro, procura todas as oportunidades de se agarrar à ideia de que ainda é apenas um menino, ainda sem o compromisso de levar a vida muito a sério. Sabe que está chegando o momento em que o mundo virá ao seu encontro e quer adiá-lo o máximo possível.

12º ano

Quando um garoto entra na escola como um aluno do 12º ano, é como se levantasse os olhos e, não vendo ninguém acima, dissesse a si mesmo: "Ah, então está bem, agora talvez seja a hora de fazer algo." Enquanto interagia com as várias classes de garotos, esforçava-me para encontrar alguma explicação para a diferença real que observava entre os alunos do 11º ano e do 12º ano. Era como se todas as sinapses de seu cérebro finalmente tivessem se formado quando eles entravam no último ano e, de repente, sentados ali à minha frente, estavam aqueles jovens maravilhosos e extremamente sábios, com tanto para nos ensinar.

Em uma tentativa de esclarecer essa questão, pedi a um grupo de alunos de 12º ano que me contassem o que poderia ter acontecido durante as férias. "Como vocês estão tão diferentes do que eram no ano passado? Alguém injetou alguma substância em vocês nas férias?" Nesse ponto, um garoto olhou para mim e disse, com naturalidade: "Não, é só que até agora sempre dava para recuperar o tempo." Um exemplo perfeito do pragmatismo inerente aos meninos.

Esse é o momento em que os limites precisam ser removidos e substituídos por uma cerca branca de estacas. Deve haver vários portões de saída grandes e claramente indicados, visíveis de qualquer ponto da sala. Isso lhe dará tempo e oportunidade de sobra para decidir que portão vai usar ao sair da escola. Ele passará o 12º ano passeando até um portão, olhando para fora e refletindo sobre como seria sair por ali, depois voltando para jogar outro jogo. Ao longo do ano, examinará cada um dos portões, sem se apressar na decisão de qual escolher. Essa é a área que parece representar o maior desafio para as escolas masculinas. É uma experiência relativamente nova pensar na remoção completa dos limites que estiveram presentes por tanto tempo e aos quais os professores se acostumaram. Pude detectar alguma ansiedade diante da sugestão de que é preciso dar aos garotos do 12º ano uma forte percepção do controle que têm sobre o próprio destino.

Durante esse ano, todas as peças podem se juntar no que tange à escola. Os professores sobreviveram à jornada, e os alunos nesse nível são rapazes verdadeiramente fascinantes, com muito a oferecer tanto à escola como à comunidade. As escolas masculinas que visitei pareciam ter a configuração inicial da sala metafórica e a instalação dos limites razoavelmente correta, mas detectei níveis variados de resistência entre o corpo docente à ideia de que a corrente precisava ser desligada no 11º ano e os limites completamente removidos no 12º ano.

Os professores haviam administrado os alunos muito firmemente nos primeiros anos na escola e achavam difícil pensar em afrouxar as regras e os procedimentos escolares para atender à necessidade de maior independência dos alunos mais velhos. Ao observar a dificuldade que algumas escolas estavam tendo com esse desafio, senti que seria útil lembrar que muitos daqueles jovens já estavam trabalhando fora das horas escolares e atuando como adultos responsáveis.

Como ressaltei no início deste capítulo, há meninos que se afastarão muito das características estereotípicas que usei para descrever os vários estágios de desenvolvimento dos adolescentes. Ainda assim, permanece a minha experiência, como resultado do projeto, de que, por mais diferenças que possam existir, um menino adolescente é um menino adolescente, e há pontos de referência claramente discerníveis em sua jornada para a vida adulta. Acredito que haja muito a ganhar no reconhecimento dos aspectos comuns da jornada, assim como na capacidade de viver o momento com os meninos e curti-los, sabendo que tudo isso acabará rápido demais.

* A questão central na vida de meninos adolescentes é fazer as mães saírem da ponte da adolescência e os pais entrarem nela.

* É evidente para todos que trabalham com eles que os meninos gostam de limites claros.

* Vamos mudar o paradigma de modo que a expectativa seja de que a maioria dos meninos ficará na escola secundária por seis anos e apenas alguns sairão antes.

* O menino de 7º/8º ano está interessado apenas em se divertir e aprender.

- O menino do 9º ano é um gigante de 3 metros de altura e à prova de balas e todos os demais são perdedores, manés ou otários.

- Não procure entrar em debates com um menino do 9º ano, mas entre na conversa se ele trouxer o debate para você.

- No 10º ano, a vida ficou um pouco mais séria, mas ainda há tempo de sobra para brincar.

- No 11º ano, há sinais definidos de que o bom senso está voltando.

- Os meninos do 12º ano são jovens fascinantes e sábios.

CAPÍTULO 5

Forças externas: álcool, drogas, esportes – e garotas

Tendo examinado o que pode se passar na cabeça dos meninos adolescentes e pensado em como percorrem os anos de escola secundária, talvez seja o momento de refletir sobre as forças externas que agem sobre eles enquanto atravessam a ponte da adolescência em direção à vida adulta. Algo que aprendi como resultado das conversas com homens e meninos durante o Projeto Bom Homem foi que uma parte integrante de ser homem é a necessidade de pertencer a algo maior do que si mesmo, estar conectado a um bem comum. E isso significa que eles tendem a se ver mais como parte de um todo do que como indivíduos. Como disse um professor, "As meninas são mais egocêntricas, do tipo: o que isso tem a ver comigo? Enquanto os meninos fazem mais o estilo do que isso tem a ver conosco." Devido a essa visão masculina do mundo, os meninos adolescentes poderiam ser vulneráveis, porque, na ausência de um bem comum evidente, eles saem à procura de algum e podem fazer escolhas ruins ao decidir a que se associar. Essa noção talvez ajude um pouco também a explicar a enorme influência que pode ser exercida pelos colegas.

Como qualquer pessoa com a sorte de ter um menino adolescente em casa sabe, a pressão dos colegas (ou aprendizagem horizontal, como prefiro descrevê-la) é uma parte extremamente marcante da adolescência masculina. Eles se movem em bandos; devastam a geladeira e a despensa com incrível facilidade e estouram o orçamento familiar várias vezes nesse processo, enquanto filões inteiros de pão desaparecem em questão de segundos; e parecem não ter a capacidade ou a vontade de fazer nada que os distinga em qualquer aspecto dos seus colegas. Há, ao que parece, razões fortes para eles se comportarem assim, e eu as examinarei mais detalhadamente no Capítulo 7, quando falar do desenvolvimento do senso de intuição dos meninos.

Uma força externa importante que veio para o primeiro plano já bem no início do projeto foi o uso de álcool pelos meninos. A crer pelas histórias, eles já estavam bebendo desde muito cedo e em vários ambientes. Na avaliação de um grupo de alunos de 10º ano, eles começaram a beber por volta dos 9 a 11 anos de idade, conseguindo surrupiar pequenas quantidades de álcool sem serem notados pela família. Aos 13 ou 14 anos, estavam se embriagando com razoável regularidade, em alguns casos com bebidas alcoólicas compradas pelos pais de outros meninos para os filhos levarem a uma festa. Mas, nessa idade, o modo mais comum de ter acesso ao álcool era por meio de um irmão mais velho ou do amigo de um irmão mais velho que comprasse para eles.

Em uma ligeira variação dessa prática, alguns garotos mais cheios de iniciativa esperavam do lado de fora de uma loja de bebidas até que um adulto de aparência condescendente aparecesse e pudesse ser convencido a comprar bebida para eles. Diziam que nunca demorava muito para encontrar alguém disposto a ajudar e, geralmente, era uma pessoa poucos anos mais velha do que eles e não alguém da geração dos pais. Um grupo de alunos particularmente empreendedor contou que pagava a um morador de rua para comprar bebidas alcoólicas para eles e que o preço de cada transação costumava ser 2 dólares.

Parecia haver estágios definidos na carreira de consumo de bebidas alcoólicas pelos alunos ao longo da escola secundária. Em suas próprias palavras, era no 9º ano que a ampla maioria deles passava pela fase "beber até vomitar" para determinar qual era o seu limite e para mostrar aos colegas (e irmãos mais velhos) como já estavam crescidos. Depois de passarem por essa fase, em geral no 10º ano ou, para alguns retardatários, no 11º ano, parecia tornar-se uma questão de beber para se divertir, para serem aceitos pelos demais colegas e para ganhar confiança e falar com as meninas.

Esses alunos mais velhos concordavam que de fato saíam para se embebedar, acreditando que essa era a maneira de começar a diversão, mas afirmavam que a intenção não era mais ficar bebendo até não conseguir beber mais nada. Se acontecesse de chegarem a esse ponto, era quase inteiramente por acidente, um efeito colateral de tentar se divertir e seguir com a maré. Mostraram-se articulados em sua avaliação de por que bebiam, e era interessante notar como tinham claro que, depois de ultrapassado o estágio do "beber até vomitar", o álcool não tinha mais nenhuma conexão real com masculinidade. Toda vez que eu perguntava diretamente se a capacidade de ingerir álcool tinha algo a ver com ser um homem, a resposta era quase sempre um sonoro não.

A exceção foi o menino que me contou que beber tinha a ver com ser homem "quando estou sentado no sofá com meu pai, com uma latinha na mão, assistindo a um jogo".

Quando comecei a entender a relação dos alunos com o álcool, percebi que uma de minhas ideias preconcebidas fundamentais sobre jovens era equivocada. Sempre havia acreditado que a determinação de meu filho e de muitos adolescentes como ele a beber em excesso tão frequentemente tinha a ver com a entrada no mundo dos homens, alguma espécie de rito de passagem masculino tácito, que, como mulher, eu não conhecia. Com base no que os alunos me contaram, porém, agora acredito que estava errada. Ficou evidente que o álcool é muito mais um meio de aliviar as pressões que eles sentem quando deixam a infância e movem-se para a vida adulta; tem a ver com encontrar um ambiente comum com seus colegas e com as meninas; e, acima de tudo, tem a ver simplesmente com se divertir.

> PARA MIM, O ÁLCOOL É O *PIT STOP* DA VIDA. QUANDO ME SINTO PRESSIONADO, POSSO ENTRAR NO *PIT STOP* E DESCANSAR UM POUCO ENQUANTO A CORRIDA DA VIDA CONTINUA À MINHA VOLTA. DEPOIS DE ALGUM TEMPO DE DESCANSO E DE ME SENTIR PRONTO, EU VOLTO À CORRIDA.

Nas palavras de um aluno do 12º ano incrivelmente articulado: "Vou lhe contar o que é o álcool. Para mim, é o *pit stop* da vida. Quando me sinto pressionado, posso entrar no *pit stop* e descansar um pouco enquanto a corrida da vida continua à minha volta. Depois de algum tempo de descanso e de me sentir pronto, eu volto à corrida."

Como adultos, podemos nos sentir tentados a acreditar que a vida dos meninos adolescentes é livre de pressões, que um mundo cheio de oportunidades está aos seus pés. Enquanto eu ouvia aquele jovem e me maravilhava com sua habilidade de me passar uma imagem tão clara, percebi o grau da pressão por desempenho em diferentes áreas que esses garotos estavam sentindo e comecei a entender por que muitos deles usam o álcool dessa maneira. Pensamos que eles estão atravessando a vida sem nenhuma preocupação além de onde está o suprimento de comida mais próximo e o que podem ter planejado para o fim de semana. Na verdade, porém, eles se preocupam se aquela garota de fato gosta deles e se vão conseguir passar nos exames que se aproximam. São muito intuitivos: podem ver o estado em que se encontra o mundo e indagar-se sobre qual será seu lugar futuro nele. Devido ao irresistível desejo e inclinação por viver o momento, eles não conseguem organizar os pensamentos que lhes passa pela cabeça em uma ordem lógica e, assim, quando tudo aquilo chega a um nível excessivo, o que acontece com frequência nesse estágio da vida, eles calam as vozes interiores despejando álcool pela garganta. E, diante de tudo o que está acontecendo com eles, esse comportamento é perfeitamente compreensível.

Quando perguntei o que o álcool representava, já que não tinha a ver com a noção de ser homem, as respostas foram diversas:

– Tem a ver com aliviar a pressão, saber que podemos ficar bêbados e não sermos responsáveis pelo que fazemos.

– Tem a ver com relacionar-se com as meninas, ter coragem para falar com as mais gostosas.

– Tem a ver com deixar os problemas de lado por algum tempo.

– Tem a ver com preencher o tempo.

– Tem a ver com dizer a verdade, ter segurança para falar o que estamos pensando.
– Tem a ver com poder viver o momento e ficar despreocupado.
– Beber faz a gente se socializar e isso é legal.

Essas respostas, e as muitas outras que recebi, ecoavam todas o mesmo sentimento: o álcool é o principal meio que os adolescentes usam para encontrar coragem de entrar no mundo que os espera e, depois de terem entrado nele, é o meio de fazerem uma pausa nesse mundo.

Um tema recorrente que exige mais investigação é o grau em que os meninos ligavam o álcool à diversão. Era comum ouvir as palavras "ficar chapado" e "se divertir" na mesma frase, combinadas de maneira a sugerir que não podiam ser separadas, que era necessário ficar "chapado" para se divertir. Por causa da cultura do uso intenso de álcool na maioria das comunidades, não estou convencida de que esse seja um fenômeno ligado apenas ao comportamento de meninos adolescentes e acredito que haja espaço para muito mais discussão aberta e honesta sobre esse tópico com os jovens.

Eu me pergunto se 18 anos não seria uma idade muito baixa para a liberação do consumo de bebidas alcoólicas. Em um momento em que os adolescentes têm mais necessidade de limites claros e explícitos (a rede elétrica nacional) – aos 13, 14, 15 anos –, eles podem facilmente racionalizar, e de fato o fazem, que, como os 18 anos não estão tão longe, não pode haver muito mal em já começar a beber. As conversas que tive com os alunos reforçaram a realidade de que meninos de 13, 14 e 15 anos geralmente ainda não são capazes de se manter firmes diante de pressões externas e que, quando procuram algo em que se agarrar, gravitam para realidades muito práticas. É legal/é ilegal? Quem está me dizendo que não devo fazer isso? Eles sabem do que estão falando? Eles próprios fazem o que falam ou é só da boca para fora? Acredito que a idade de 18 anos para autorização do consumo de álcool diminui a capacidade dos alunos de se manterem firmes durante a montanha-russa da adolescência e coloca-os em níveis significativamente mais altos de risco.

Embora o Projeto Bom Homem fosse focado no mundo dos meninos adolescentes, ocasionalmente era possível, por meio das conversas com os alunos, ter uma ideia clara do mundo das meninas adolescentes. Um dos aspectos mais interessantes de nossas conversas foi a visão dos meninos acerca dos hábitos de consumo de álcool das meninas de seu grupo. Fiquei com a impressão de que as meninas adolescentes estão se equiparando ou, em alguns casos, até superando os meninos adolescentes em sua tendência a ficar extremamente embriagadas com regularidade. Os meninos falavam de como as meninas ficavam bêbadas depressa e de como muitas vezes continuavam bebendo até o ponto de "apagar", apesar dos riscos envolvidos em não saber onde estavam ou o que podia estar acontecendo com seu corpo. Por trás da fanfarronice desses jovens, havia uma preocupação com as situações em que algumas de suas amigas se envolviam e a percepção de que uma garota que bebia até o ponto de ficar inconsciente estava se colocando em um perigo real. A ideia de que as meninas podem fazer tudo o que os meninos fazem – inclusive beber a mesma quantidade de álcool – parece ter tomado formas que não poderíamos prever. Há uma necessidade crescente de discussões francas com as meninas sobre a realidade física de seu alto consumo de álcool.

Os meninos e eu conversamos também sobre acesso e uso de drogas ilícitas. Por uma série de razões, entre elas que eu não queria que eles confessassem nada que pudesse deixá-los vulneráveis na escola, deixei claro que não estava interessada em descobrir quais alunos estariam usando drogas e sempre conduzi as perguntas de forma a extrair informações gerais, e não específicas. Por exemplo; "Se quisesse, você conseguiria ter acesso à maconha /ao ecstasy?" Concentrei-me em tentar determinar em que medida as drogas estavam disponíveis no mundo deles, e não quem na classe estaria usando isto ou aquilo.

Como resultado dessas conversas, acredito que nós, adultos, precisamos estar cientes de que praticamente qualquer droga ilícita é acessível em qualquer escola secundária. Os alunos indicaram claramente que não precisam ir muito longe para ter acesso à maconha e às chamadas "drogas de festa" e que os ambientes sociais que vinham frequentando desde o fim da infância os haviam exposto a pessoas que usavam drogas recreativas regularmente. Cheguei à conclusão de que a maioria dos meninos adolescentes decidirá pela primeira vez se usará ou não maconha no seu primeiro ano no curso secundário. (Infelizmente, qualquer assistente social ou comunitário nos dirá que, para alguns, a decisão vem muito antes disso.)

Vale a pena observar neste ponto que a hipocrisia de alguns adultos não passava despercebida para os alunos: em termos do uso de drogas ilícitas, os adultos frequentemente os aconselham a fazer o que eles dizem, não o que eles fazem. Os meninos comentaram várias vezes esse padrão de duplicidade, ressaltando que muitos dos adultos que deveriam ser modelos de conduta devido à sua posição na comunidade eram usuários declarados de maconha e usuários pesados de álcool. Por causa disso, os meninos viam o que esses adultos diziam como bobagens a serem ignoradas.

Fiquei agradavelmente surpresa com o que os alunos me disseram sobre a escala de seu uso de drogas. A maioria dos meninos, em particular os mais velhos, parecia achar que o consumo de drogas "não era legal" ou era "estupidez", e com frequência citavam exemplos de ex-colegas que ficaram pelo caminho devido às drogas como a principal razão para não estarem interessados.

Esse não foi um estudo científico e as informações que recebi foram apenas as contadas pelos garotos, mas o quadro de uma baixa porcentagem de usuários de drogas em quase todas as escolas que visitei foi uma constante, levando-me a refletir sobre o caso. Conversando com os diretores a esse respeito, identificamos três possíveis fatores para explicar essa situação.

O primeiro era o fato de que a maioria das escolas masculinas tinha uma abordagem de tolerância zero para o envolvimento com drogas. Os alunos recentemente pegos com drogas ou sob a influência de drogas tinham sido expulsos da escola e, portanto, não estavam entre os meninos com quem conversei.

O segundo era o papel desempenhado pelos esportes na vida dos meninos. Para citar um dos alunos, que demonstrou novamente o pragmatismo dos garotos: "Por que eu usaria drogas? Posso sair sábado à noite depois do jogo, encher a cara de álcool e me divertir muito. Vou estar mal no domingo, não muito legal na segunda-feira, mas na terça já estarei pronto para treinar. Se eu sair sábado à noite e abusar das drogas, vou me divertir naquela hora, mas depois vou ficar mal a semana toda e provavelmente perderei o treino." Muitos alunos compartilharam essa ideia, destacando que as drogas têm um efeito muito pior sobre o desempenho esportivo do que o álcool.

O terceiro possível fator foi resumido nas palavras de um diretor: "Eles valorizam seu lugar na escola e sabem que há outros meninos à espera para pegá-lo, sabem que a escola tem tolerância zero com drogas e sabem que acabarão sendo pegos." Uma vez mais, vemos o pragmatismo adolescente masculino em ação: eu gosto de estar aqui; se eu usar drogas, vou acabar sendo pego como outros foram, portanto é melhor não usá-las. Não é pensamento de alto nível, apenas pragmatismo de alto nível.

Muitas vezes me pareceu, quando conversava com professores e alunos, que, se as escolas conseguirem manter os meninos ocupados quando eles estão em maior risco de começar a experimentar drogas, no 7º, 8º e 9º anos, depois que passarem dessa fase a mensagem já terá tido tempo de sedimentar. Nessa altura eles terão desenvolvido considerável autoestima e senso de propósito em relação a esportes e outros interesses e, assim, disporão de mecanismos para ajudá-los a decidir não se envolver. Nesse estágio da vida escolar, era evidente que eles viam o uso de drogas como algo indesejável, e a cultura da escola

> MUITOS DOS ADULTOS QUE DEVERIAM SER MODELOS DE CONDUTA ERAM USUÁRIOS DECLARADOS DE MACONHA E USUÁRIOS PESADOS DE ÁLCOOL. POR CAUSA DISSO, OS MENINOS VIAM O QUE ESSES ADULTOS DIZIAM COMO BOBAGENS A SEREM IGNORADAS.

e os próprios meninos reforçavam constantemente essa mensagem. O que quer que as escolas masculinas estejam fazendo na luta contra as drogas, parecem estar tendo sucesso na maior parte do tempo e devem ser parabenizadas por isso.

Isso dito, é preciso lembrar que o fácil acesso a drogas ilícitas é uma força externa constante na vida dos meninos adolescentes. Eles gostam de se divertir, gostam de desafios e estão sempre procurando a aprovação de seu grupo. Esses fatores, associados ao medo do fracasso e à constante sensação de que estão se aproximando da porta para a vida adulta, quer queiram quer não, significam que se sentirão continuamente tentados pela desconexão temporária da realidade oferecida pelas drogas.

Por causa disso, meu enfoque agora é a urgência em dar aos jovens uma razão para dizer não quando lhes forem oferecidas drogas ilícitas, em vez de limitar apenas no corte do acesso à oferta. É importante que sejam feitos todos os esforços para impedir a venda de drogas a crianças e adolescentes, mas acredito que só obteremos progresso real quando tivermos conseguido aperfeiçoar a arte de ligar os jovens aos seus sonhos e ligar esses sonhos à necessidade de não se expor a riscos. Alguns vão encarar isso como uma abordagem idealista, mas eu já a vi funcionar repetidamente na recuperação de pessoas com sérios problemas de dependência de álcool e drogas.

Agora que examinamos duas forças externas potencialmente negativas que afetam a vida dos meninos adolescentes, talvez seja o momento de falar de uma força externa potencialmente positiva sobre a qual aprendi muito – e sobre a qual mudei totalmente meu modo de pensar – durante o projeto. Eu havia entrado no mundo das escolas masculinas mais do que um pouco cética sobre a cultura onipresente do esporte que envolvia tanto os professores como os alunos. Não acreditava que o esporte pudesse estar no núcleo, ou mesmo perto do núcleo, daquilo que os meninos precisavam durante seu processo de amadurecimento; imaginava que fosse algo acessório em sua caminhada para a vida adulta. Uma vez mais, vi que estava totalmente enganada.

Depois de conversar com os alunos e observá-los na vida escolar cotidiana, vejo agora o esporte como parte integrante da jornada da maioria dos meninos para a vida adulta. A razão? Sua natureza competitiva associada à sensação que lhes confere de ser parte de algo maior do que eles mesmos. A variedade de modalidades esportivas a que os meninos têm acesso permitia-lhes experimentar o sucesso e desenvolver o senso de orgulho. Por meio do esporte, podiam continuar a construir uma relação positiva com o próprio corpo e a usar seus altos níveis de energia. Para alguns meninos que conheci durante o projeto, o esporte parecia ser a única coisa que os mantinha na escola, que dava ao seu mundo uma sensação de estrutura e equilíbrio quando o resto parecia não fazer sentido.

Como já mencionei, considero os meninos muito menos resilientes que as meninas e, quando surge um momento difícil, eles parecem muito menos capazes de lidar com a situação. Se, no meio do caos, o aluno continua sendo parte de um time esportivo e tem responsabilidades e uma meta para buscar, ele parece conseguir se manter mais estável do que seria de outra maneira. O esporte coloca o foco no lado de fora, dando-lhe a princípio uma desculpa para ignorar o que está acontecendo até ele começar a entender melhor e proporcionando-lhe o tempo de que precisa tão desesperadamente para refletir sobre tudo o que está invadindo a sua vida.

Duas outras forças externas inextricavelmente ligadas que afetam a vida de meninos adolescentes e que deram origem a muitas risadas durante nossas conversas, são as meninas adolescentes e as mulheres adultas. Uma faceta do projeto que ainda não discuti foi o aparentemente onipresente medo que os meninos têm de serem acusados pelos colegas ou por outros homens de serem gays. E esse medo significava que eles viviam procurando modos de provar abertamente sua masculinidade. Uma maneira óbvia de provar que os colegas estavam errados, mesmo antes que as acusações começassem a se espalhar, como inevitavelmente parece acontecer, é a eterna conquista de meninas adolescentes, algo a que muitos deles pareciam dedicar muito tempo e energia.

Fiquei impressionada com o grau com que os meninos acreditavam que as mulheres tinham o controle da situação, tanto no seu próprio mundo como na comunidade. Essa atitude era clara em comentários como: "Eu escolho uma resposta e torço para ser o que ela quer ouvir", "Elas podem ter sexo na hora que quiserem, enquanto nós temos que descobrir se elas estão a fim ou não", "Parte da tarefa de ser homem é aguentar as mulheres".

Isso não quer dizer que os alunos considerassem que todos os relacionamentos com mulheres fossem negativos, mas muitos deles estavam claramente gastando grande quantidade de energia para aplacar as mulheres e meninas de sua vida, a fim de manter seu mundo administrável.

> – QUEM TEM O CONTROLE EM SUAS RELAÇÕES COM MENINAS?
> – SÃO ELAS, AS MENINAS.
> – EM TODAS AS RELAÇÕES QUE VOCÊ TEM COM MENINAS?
> – É.
> – ENTÃO COMO VOCÊ ADMINISTRA SUAS RELAÇÕES COM ELAS?
> – A GENTE DIZ O QUE ACHA QUE ELAS QUEREM OUVIR E TORCE PARA SER A RESPOSTA CERTA.

Quase todos os meninos com quem conversei mencionaram amigas mulheres em seu grupo mais íntimo. A conversa sobre como uma menina se tornava uma amiga, visto que os alunos haviam concordado anteriormente que viam todas as meninas de sua idade como conquistas sexuais em potencial, era sempre interessante e a explicação mais comum era "porque ela disse não". Novamente, os meninos percebiam as meninas como quem dava as cartas: ele pedia, ela dizia não, e, assim, os parâmetros da amizade eram definidos.

Alunos de todos os níveis nas escolas que visitei falaram da liberdade que não ter meninas na escola lhes dava. Na verdade, eles viam o fato de não ter que se preocupar com a aparência como o principal benefício de estar em uma escola masculina: nas palavras deles, isso "aliviava a pressão".

Comentavam muitas vezes que não queriam parecer bobos na frente de meninas, o que os levava à tendência de não falar na presença delas. E, como vimos, o álcool entrava nesse ponto: muitos meninos disseram que bebiam para ganhar a autoconfiança necessária para conversar com as meninas. Quase todos os alunos de 7º, 8º e 9º anos com que falei achavam que a presença de meninas na classe os deixaria muito menos dispostos a participar das discussões e que seu comportamento seria "atenuado" e se tornaria menos turbulento. Lá estava novamente: as meninas dando as cartas.

Essa crença de que as mulheres tinham o controle estendia-se para as mulheres adultas presentes na vida deles. Diziam-me regularmente que as professoras mulheres precisavam ser apaziguadas quanto a coisas que os professores homens não consideravam importantes e falavam que todas as mulheres "faziam tempestade em copo d'água" e requeriam um esforço de negociação. Davam exemplos claros de como administravam o fluxo de informações que faziam chegar as suas mães a fim de tornar a própria vida menos estressante (falarei disso com mais detalhes adiante) e com frequência avaliavam o valor de um relacionamento com uma menina no contexto de quanto esforço era necessário para mantê-la feliz. Muitas vezes eu me intrigava com o grau com que mesmo os alunos mais novos haviam desenvolvido essa visão das mulheres, imaginando como isso acontecera tão cedo em sua vida. Como quer que tenham aprendido, quando eu ouvia os meninos (de todas as idades) descreverem seus relacionamentos com mulheres e como os administravam, me sentia como se estivesse observando um especialista em relações públicas extremamente talentoso em ação.

- ♦ Os meninos adolescentes estão consumindo álcool desde uma idade razoavelmente baixa e em diferentes ambientes.

- ♦ O consumo de álcool tem a ver com aliviar a pressão existente na fase de transição para a vida adulta, com encontrar pontos em comum com os colegas e com as meninas e simplesmente com divertir-se.

- A idade de 18 anos estabelecida para o consumo de álcool legalmente coloca os meninos adolescentes em níveis de risco significativamente maiores.

- As meninas adolescentes estão se equivalendo ou até superando os meninos adolescentes na tendência a, às vezes, ficar extremamente bêbadas.

- Os adultos precisam estar cientes de que quase todas as drogas ilícitas são acessíveis em qualquer escola secundária.

- Com relação às drogas, a hipocrisia dos adultos não passa despercebida.

- Manter os meninos ocupados no 7º, 8º e 9º anos proporciona o tempo necessário para que a mensagem antidrogas sedimente.

- A prática de esportes é parte integrante da jornada para a vida adulta na ampla maioria dos meninos.

- A maioria dos meninos acredita que as mulheres estão no controle.

DIÁRIOS

Menina
Segunda-feira, 17 de novembro de 2003
Encontrei-me com John à noite e ele estava muito estranho. Saí para fazer compras com as meninas à tarde e demorei um pouco para voltar, então achei que podia ser por isso.

O bar estava lotado e barulhento, aí sugeri que fôssemos a um lugar mais tranquilo para conversar. Ele continuava quieto e distraído, então dei a ideia de irmos jantar em um lugar legal. Durante todo o jantar, ele parecia outra pessoa; quase não riu e era como se não estivesse prestando atenção em mim ou no que eu dizia.

Eu sabia que tinha algo errado.

Ele me levou para casa. Fiquei na dúvida se ele ia querer entrar; ele hesitou, mas entrou. Perguntei de novo se havia algum problema, mas ele só sacudiu a cabeça e ligou a televisão.

Depois de uns dez minutos de silêncio, eu disse que ia dormir. Eu o abracei e declarei que o amava muito. Ele só deu um suspiro, com um sorriso meio triste.

Ele não subiu comigo, mas foi me encontrar mais tarde, e fiquei surpresa quando fizemos amor. Ele ainda parecia distante e um pouco frio, e comecei a achar que talvez tivesse encontrado outra pessoa e fosse me deixar.

Chorei até dormir...

Menino
Segunda-feira, 17 de novembro de 2003
Os Wallabies perderam para a Nova Zelândia. Pelo menos eu fiz sexo.

CAPÍTULO 6

Pragmatismo adolescente: por que eles fazem o que fazem

Examinamos detalhadamente o que pode tornar a criação e convivência com um menino adolescente um processo desafiador e, às vezes, muito frustrante. Agora é hora de mostrar as surpresas que o Projeto Bom Homem produziu, os dons e talentos contidos nesses jovens homens que eu não sabia que estavam lá e que vim a admirar muito: o pragmatismo, a intuição e, no caso dos alunos do 12º ano, a extraordinária sabedoria.

Se eu soubesse, quando estava na ponte da adolescência com meu filho, o que sei agora sobre essas qualidades especiais dos meninos adolescentes, desconfio fortemente que a jornada em que estávamos juntos teria sido muito mais tranquila e agradável. Ter esse conhecimento não eliminará todas as preocupações que os meninos adolescentes geram nem removerá totalmente os momentos difíceis em que um menino do 9º ano força os limites com absoluta determinação. Para mim, porém, à medida que eu ia tomando consciência disso durante o projeto, esse conhecimento deu forma ao que estava acontecendo na vida dos meninos, uma forma que eu hoje acredito seriamente que pode nos ajudar a tomar decisões claras para fazê-los chegar em segurança ao outro lado da ponte sem perder nossa sanidade.

Vamos falar primeiro do pragmatismo. Eu não tinha ideia disso antes de entrar no projeto, mas, assim que reparei no modo pragmático como os meninos decidem o que fazer e quando fazer, comecei a percebê-lo em toda parte, tanto na vida de meninos como de homens adultos.

Como dei de cara com o pragmatismo? Eu estava interessada nas razões pelas quais os meninos tinham vindo para escolas masculinas e queria saber se eles tinham feito uma escolha consciente para estar ali e não em uma escola mista; então, logo no início do projeto, comecei a indagar, na forma de pergunta aberta: "Então, por que vocês estão aqui, em uma escola masculina?"

– Porque minha mãe quis. (Era quase sempre mãe, não pai.)
– Quantos de vocês gostariam de estar em uma escola mista?
Quase todas as mãos na sala foram levantadas.
– O que seria bom em uma escola mista?
– Meninas, claro!
– Sim, eu entendo que tem a ver com as meninas, mas o que nelas? O que seria bom em estar em uma escola com meninas? (Eu estava querendo, forçando até, uma discussão sobre o desafio em sala de aula, ou algo igualmente profundo e significativo.)
– Elas são boas de olhar... Eu estou enjoado de olhar para ele. (Isso foi dito olhando de lado para o colega.)
– Então a ideia é ter algo bom para olhar?
– É.
– Certo, vocês chegam em casa hoje e seus pais vão lhes dizer que podem ir agora para uma escola mista. Quem vai?
Três mãos subiram.
– Como assim, meninos, estou lhes dando uma chance de ir para uma escola mista onde há meninas para olhar. Por que não vão?
– Não, agora eu já estou aqui... seria muito complicado.

Quando olhei em volta, juro que podia vê-los pensando que mudar de escola significaria que teriam que esvaziar os armários e isso tudo seria muito complicado. Era como se estivessem equilibrando pratos de uma balança em sua mente, esforço versus compensação, e os pratos não tivessem descido o bastante do lado da possível compensação para justificar o esforço.

– Então vou facilitar para vocês. Vamos trazer as meninas para cá. Vocês não têm que fazer nada além de votar. Amanhã de manhã virão para a escola e haverá uma votação para decidir se ela deve passar a ser mista. Quem vai votar pelo sim?

Três mãos levantaram, diferentes das primeiras.

– Que é isso, meninos, eu estou facilitando para vocês. Não vão ter que fazer nada e haveria meninas aqui na escola para vocês olharem. Por que não vão votar sim?

– De onde elas viriam?

Detalhes, eles queriam detalhes.

– Ah, eu não sei. Que tal da escola feminina aqui desta mesma rua?

– Não, elas são feias!

– Ah, então têm que ser meninas bonitas?

– Claro.

– E quem as escolheria?

– Nós.

Agora eles estavam totalmente envolvidos na discussão.

– Quer dizer que haveria uma seleção e apenas as meninas que tirassem nota 7 ou mais poderiam entrar?

– É, acho que assim seria bom.

– Então alguma pobre menina aparece aqui, e vocês acham que ela só merece 6 e lhe dizem para cair fora porque é feia?

– Isso.

Eu estava querendo discutir a questão filosófica de haver ou não vantagens em estar em uma escola masculina em comparação a uma escola mista; eles estavam concentrados em garantir que, se o ambiente escolar fosse mudar da maneira como eu estava sugerindo, pudessem trazer as meninas mais bonitas para a escola. Pragmatismo, ou, pelo menos, pragmatismo masculino adolescente – o que eu ganho com isso, qual é a compensação, por que eu devo fazer isso?

> SE EU TOMO UMA CERVEJA, NÃO POSSO MAIS VOLTAR DIRIGINDO PARA CASA. É UMA BOBAGEM CHAMAR UM TÁXI POR TER TOMADO UMA ÚNICA CERVEJA, ENTÃO É MELHOR CONTINUAR BEBENDO DE UMA VEZ ATÉ FICAR TOTALMENTE EMBRIAGADO.

Depois que tomei consciência desse aspecto do processo de pensamento deles, comecei a ver exemplos disso por toda parte. Já mencionei alguns: estar em uma escola masculina significava dez minutos a mais na cama porque, sem "garotas para impressionar", não havia necessidade de passar gel no cabelo; ter amigas meninas porque "elas disseram não"; escolher álcool em vez de drogas para se divertir no sábado à noite e não perder o treino de terça-feira. Todas essas são decisões extremamente pragmáticas.

"Se eu tomo uma cerveja, não posso mais voltar dirigindo para casa. É uma bobagem chamar um táxi por ter tomado uma única cerveja, então é melhor continuar bebendo de uma vez até ficar totalmente embriagado." (Chamar um táxi para ir para casa depois de ter tomado só uma cerveja seria um total desperdício de dinheiro; há menos prejuízo financeiro envolvido se houver um grau maior de embriaguez.)

O desafio torna-se, então, como usar o pragmatismo dos meninos adolescentes de uma maneira que apoie seu desenvolvimento e ajude as mães, em particular, a parar de gastar energia tentando fazer dos filhos algo que eles não são.

O jovem que falou de preferir usar álcool a drogas para "encher a cara" em um sábado à noite estava tomando uma decisão clara, pragmática. Nós, adultos, com frequência falamos aos meninos adolescentes sobre o que eles devem fazer para serem membros felizes e saudáveis da sociedade quando tiverem 30 ou 40 anos. Ele está pensando em se divertir no sábado à noite e treinar na terça-feira, um intervalo de três dias, e já teria uma enorme dificuldade para tentar imaginar como será a vida quando sair da escola, quanto mais aos 30 anos. Para conectar-se com ele, incentivá-lo e ajudá-lo a tomar boas decisões, precisamos entrar no seu horizonte de tempo, no seu modo de estar no mundo, em vez de tentar fazê-lo vir para o nosso. Esse jovem quer se divertir e estar no treino. O esporte é obviamente importante, e ele está nos mostrando com clareza o que importa para ele e com o que podemos trabalhar para mantê-lo seguro enquanto atravessa a ponte da adolescência.

Falei em um capítulo anterior sobre como os meninos sempre deixam os deveres de casa para o último minuto. Quantos pais consomem um bocado de energia tentando convencer e/ou forçar seu filho a, pelo menos, começar a tarefa que deve ser entregue na semana seguinte? E fazem isso mesmo sabendo que, apesar de seus melhores esforços, a noite da véspera será tomada por uma atividade febril e a atmosfera na casa ficará decididamente ruim, com os humores à flor da pele e os adultos perguntando por que o trabalho não foi concluído antes.

> O PRAGMATISMO FAZ COM QUE OS MENINOS ADOLESCENTES PRECISEM VER E/OU SENTIR AS CONSEQUÊNCIAS DE FAZER OU NÃO FAZER ALGO ANTES QUE ISSO SE TORNE SUFICIENTEMENTE REAL PARA IMPORTAR E PARA MOTIVÁ-LOS.

A maioria dos meninos adolescentes fará a tarefa quando chegar o momento, e não antes, e nenhuma estratégia de convencimento parece funcionar. Você pode mandar que ele vá para o quarto e faça o dever, mas não espere que realmente o faça. A menos que ele sinta que chegou o momento, ou que não encontre mais nada para fazer e não esteja disposto a enfrentar as consequências de fugir do quarto pela porta ou pela janela, nenhum grau de coerção fará a menor diferença.

Quando ele souber que depende dele, e somente dele, se algo será feito ou não, quando for capaz de ligar ação e consequência, começará a tomar boas decisões por si mesmo. Um exemplo clássico disso são os alunos que receberam o aviso de que aquela seria a última chance de entregar seus trabalhos de artes e, assim, concentraram-se na ação. O pragmatismo faz com que os meninos adolescentes precisem ver e/ou sentir as consequências de fazer ou não fazer algo antes que isso se torne suficientemente real para importar e para motivá-los. Se sentirem que algo "vai acontecer de qualquer modo", se sentirem que, no fim, seus esforços não farão de fato nenhuma diferença real, simplesmente vão escolher não agir porque, na cabeça deles, não há motivo para isso.

Acredito que vale a pena investigar maneiras de usarmos eficazmente o pragmatismo dos meninos. Como um exemplo, quando conversei com um grupo de alunos sobre os prazos dos deveres escolares, eles mencionaram quase de imediato que, se tivessem um dever para entregar segunda-feira, geralmente começavam a trabalhar nele no início da tarde de domingo. Fiquei logo curiosa para saber por que eles passariam um tempo disponível de lazer em um domingo à tarde fazendo dever de escola (em vez de encaixar essa tarefa em uma noite durante a semana) e pedi que me explicassem.

– Tanto faz.

– Como assim, "tanto faz"?

– A gente já fez tudo que queria fazer: jogou no sábado, saiu e se divertiu sábado à noite, dormiu domingo de manhã. Não tem mais nada para fazer, então tanto faz começar o dever de casa.

Portanto, é só por não ter mais nada para fazer que ele volta a atenção para o dever escolar que deve ser entregue na manhã seguinte. Possivelmente tem umas quatro horas para se ocupar com o estudo antes que algo prenda sua atenção (como o jantar), em comparação às duas horas que teria se a entrega do dever fosse em qualquer outro dia que não a segunda-feira.

Pode não funcionar sempre e pode ser uma solução um tanto simplista em uma perspectiva educacional, mas, enquanto ouvia os meninos explicarem seu raciocínio, ocorreu-me que talvez houvesse alguma vantagem em determinar que todos os deveres fossem entregues às segundas-feiras. Quem sabe isso poderia resultar em um trabalho de boa qualidade?

Se eu acredito que seria possível fazer um menino se ocupar com o dever escolar em um domingo à tarde se só tivesse de entregá-lo na quinta-feira seguinte, ou mesmo na terça-feira seguinte? Não. O intervalo de tempo é grande demais, e seu desejo e compromisso de viver o momento garantirão que ele sempre terá algo melhor para fazer se o dever não for para segunda-feira. Seu olhar estará firmemente fixado no fato de que ainda há a segunda-feira à noite para fazer o trabalho.

Haverá, claro, meninos adolescentes que fogem desse estereótipo que estou descrevendo, meninos que vão fazendo seus deveres aos poucos ao longo da semana, que são capazes de se motivar para não deixar tudo sempre para o último minuto. Se você é pai ou mãe de um desses meninos, tudo o que posso dizer é "Aproveite". Não fui uma dessas mães e, durante o projeto, não pude deixar de reparar que, independentemente do grupo etário com que estivesse conversando, até e inclusive o 11º ano, qualquer que fosse o nível de desempenho acadêmico dos alunos à minha frente, havia consenso geral e quase universal de que deveres escolares são feitos na noite anterior ao dia em que devem ser entregues.

É verdade que detectei mais sinais de planejamento e trabalho constante ao conversar com os garotos do 12º ano, mas isso também estava ligado ao seu pragmatismo. Eles percebiam que a hora de se mover havia chegado, que a posição não era mais "recuperável". Conversavam sobre estar cientes de que a passagem de cada dia os levava para mais perto do momento em que deixariam a escola e entrariam na próxima fase da vida. Por que tinham esse nível de consciência? O que havia levado a esse desenvolvimento em seu modo de pensar? O pragmatismo. Eles erguiam os olhos e viam que não havia mais ninguém acima deles. Davam-se conta a cada dia, de um modo muito físico, de que eram os alunos mais velhos, que seu tempo na escola tinha agora uma data de vencimento e que o momento de tomada de decisão aproximava-se rapidamente. Era no meio dessa realidade que seus padrões de estudo mudavam, e eles começavam a se comprometer mais com as tarefas que tinham diante de si. Como agora estava nas mãos deles, e não se tratava simplesmente de satisfazer as exigências de uma mãe ou professor incômodo, eles se moviam por conta própria.

Essa é a outra razão para a minha crença no valor de manter os meninos na escola por seis anos. É verdade que muitos garotos se saíram bem e continuarão a se sair bem na vida tendo deixado a escola em um estágio anterior. Não é uma questão de insistir que eles devam permanecer de qualquer maneira. É uma questão de que algo acontece quando um menino se torna um aluno do 12º ano e percebe que seu destino agora está em suas próprias mãos. É uma questão de ele motivar a si mesmo em vez de ser motivado por outros. Sempre houve alguma outra pessoa no controle; nesse ponto, se os mecanismos da escola para apoiar esse novo nível de crescimento estiverem funcionando bem, ele começa a assumir o controle e milagres podem acontecer, com um efeito positivo para a sociedade em que esse menino está prestes a entrar.

Ao me aproximar da conclusão deste debate sobre o pragmatismo dos meninos adolescentes, talvez seja uma boa hora para compartilhar o que se tornou a pergunta do projeto – e a resposta pragmática exemplar dada por um menino adolescente.

– Com quem vocês conversam sobre sexo?

– Meus colegas.

"Ótimo", pensei, "deve haver uma abundância de boas informações aí!"

– Vocês conversariam com seu pai sobre isso?

Na primeira vez que fiz essa pergunta, o barulho na classe foi fantástico. Os meninos riam tanto que se sacudiam nas cadeiras e seguravam as laterais do corpo, e a palavra "constrangimento" ricocheteava pelas paredes.

– Ah, vamos, meninos, por que não conversariam com o pai de vocês sobre isso? Parece muito lógico para mim. Vocês são homens, ele é homem...

Pausa.

– O que eu perguntaria a ele? (Lá estava o pragmatismo de novo: ele procurava os detalhes, querendo entender exatamente como a conversa sugerida funcionaria.)

– Sei lá! O que acontece quando...? É normal se...?

Outra pausa.

Um aluno do fundo da sala ergueu a cabeça.

– A senhora não está entendendo, não é? Ia ser esquisito conversar com meu pai sobre sexo.

– É, eu não estou entendendo. É melhor você me explicar.

— Pense bem na situação, ele faz sexo com a *minha* mãe.

Quando o pai lhe diz que as mulheres gostam disso, reagem bem àquilo, tudo o que o menino é capaz de pensar é "Ele fez isso com a minha mãe!" O aluno que compartilhou seus pensamentos comigo cobriu o rosto com as mãos nesse momento, dizendo:

— É visual demais.

Nós, adultos, principalmente mulheres, achamos que é inteiramente lógico que um homem discuta com o filho adolescente o que ele precisa saber sobre sexo. Não é assim. Pela perspectiva do menino, que é dirigida pelo seu pragmatismo, é muito melhor obter as informações de que precisa com alguém que não tenha um relacionamento sexual com sua mãe.

E, por fim, quero fazer um comentário sobre o pragmatismo dos homens adultos. Não se engane: eles não perdem o pragmatismo depois que atravessam a ponte da adolescência ou em nenhum ponto depois disso; conservam-no por toda a vida. Mas, se tiverem completado com sucesso o processo de maturação, parece que o pragmatismo assume uma forma ligeiramente diferente depois da adolescência. Para nós, mulheres, permanece o desafio de aceitarmos quem os homens em nossa vida são e pararmos de desperdiçar nossa energia tentando transformá-los no que não são.

Então, qual é a diferença entre o pragmatismo dos meninos adolescentes e o pragmatismo de homens maduros? As lentes pragmáticas pelas quais um menino adolescente olha são muito estreitas e têm espaço apenas para ele. As lentes pragmáticas pelas quais um homem maduro olha ampliaram-se e podem incorporar a ideia de fazer coisas pelos outros, por aqueles com quem ele se importa e por aqueles em relação aos quais sente uma responsabilidade social. Mas, e é um "mas" importante, se ele não conseguir ver nenhum motivo para fazer algo nesse quadro, não o fará, por mais coerção que apareça em seu caminho.

Não há melhor maneira de ilustrar isso do que descrevendo a tarefa de pôr para fora o lixo da casa, que precisa estar na rua para coleta às

7h30 todas as quartas-feiras de manhã. É trabalho dele. Nós, mulheres, achamos que a melhor ideia é separar o lixo e tirá-lo de casa na noite anterior, pensando nas possibilidades de que o caminhão de coleta possa passar cinco minutos mais cedo ou de que toda a família durma demais e perca a hora. Ele, por outro lado, considera que tirar o lixo às 7h28 na quarta-feira de manhã é tempo suficiente e é isso que pretende fazer. Nós ficamos cada vez mais agitadas na terça-feira à noite quando ele não dá sinal de pretender fazer o que gostaríamos que fizesse – colocar o lixo para fora agora. Por fim, com certa irritação, nós mesmas pegamos o lixo e o colocamos na rua, resmungando enquanto isso sobre como é inútil discutir com ele e por que ele não pode fazer aquela única coisa que é sua responsabilidade. E ficamos emburradas pelo resto da noite.

O que precisamos entender é que, enquanto recolhíamos o lixo e o levávamos para fora, na mente dele a situação estava resolvida: "Ela acabou de fazer o que eu esperava que fizesse. Agora não preciso mais fazer." Ele observou nosso crescente nível de agitação conforme as horas passavam, sabendo que acabaríamos ficando irritadas o bastante para agir e que ele seria poupado da tarefa.

Algumas mulheres verão como totalmente apropriado que os homens ajam de acordo com o nosso cronograma e não com o deles, geralmente porque consideram que "nós sabemos mais", "somos mais organizadas" ou "sabemos pensar além e prever possíveis problemas". Os homens, por outro lado, estão plenamente conscientes da possibilidade de todo mundo dormir demais ou de o caminhão passar mais cedo, mas, como os meninos adolescentes, lidariam com o problema somente caso alguma dessas situações acontecesse. E, de qualquer modo, poderia haver um terremoto ou uma inundação durante a noite e, então, teria sido completa perda de tempo e esforço colocar o lixo para fora.

O que nós, mulheres, devemos fazer diante desse pragmatismo masculino? Na verdade é simples, e não muito diferente de aprender a caminhar dentro da mente pragmática de meninos adolescentes para levá-los a fazer o que deve ser feito ou para mantê-los seguros. Precisamos aceitar a realidade dos homens em vez de viver querendo mudar essa realidade e mudar a eles. Há duas abordagens possíveis. Podemos decidir deixar inteiramente por conta dele quando o lixo será tirado de casa, tendo concordado em negociações adultas que essa será uma tarefa dele e que ele terá que lidar com qualquer possível consequência de não tirar o lixo a tempo. Ou podemos decidir que essa é uma questão tão potencialmente estressante para nós, dado o modo como vemos o mundo e aquilo de que precisamos para nos sentir adequadamente organizadas em nossa vida, que preferimos pôr o lixo para fora nós mesmas. Realmente simples.

Por que devemos aceitar o pragmatismo masculino e não tentar transformá-los em criaturas que fazem as coisas do nosso jeito? Porque há muita diversão quando os deixamos ser o que são. Porque sua força e beleza masculinas estão em seu pragmatismo. Porque, se olharmos além da frustração que sentimos (e de fato sentimos) quando tentamos compreender o pragmatismo que dirige a vida e as decisões deles, começaremos a perceber sua intuição e sabedoria e aumentaremos as chances de que nossos filhos e netos cresçam para se tornar bons homens.

- O desafio é como usar o pragmatismo dos meninos adolescentes de uma maneira que apoie seu desenvolvimento e ajude as mães, em particular, a parar de gastar energia tentando fazer dos filhos algo que eles não são.

- Para nos conectarmos com eles e incentivá-los a tomar boas decisões, precisamos entrar em seu horizonte de tempo.

- Os meninos adolescentes precisam ver e/ou sentir as consequências de fazer ou não algo antes que isso se torne suficientemente real para importar e para motivá-los.

- As lentes pragmáticas pelas quais um menino adolescente olha são muito estreitas e têm espaço apenas para ele. As lentes pragmáticas pelas quais um homem maduro olha podem incorporar a ideia de fazer coisas pelos outros.

- As mulheres precisam aceitar a realidade dos homens em vez de viver querendo mudar essa realidade e mudar a eles.

CAPÍTULO 7

Intuição e sabedoria: os talentos ocultos

Iniciei o Projeto Bom Homem acreditando que os homens têm intuição, mas muito raramente a usam, se é que chegam a usar. Terminei o projeto tendo aprendido que estava certa só pela metade. Os homens têm intuição? Sim. Eles a usam muito raramente? Não. Na verdade, eles a usam o tempo todo, e com muita eficácia, em sua vida cotidiana. Por que não percebi isso antes? Porque eu e outras mulheres não reconhecemos imediatamente esse comportamento como intuitivo. Pode parecer diferente, e os homens talvez a utilizem de forma diferente, mas é intuição – uma habilidade muito desenvolvida que a maioria dos homens usa praticamente sem ter consciência exata do que estão fazendo. É simplesmente parte de seu modo de ser e eles não costumam parar para questionar ou analisar.

Comecei a me dar conta dessas habilidades intuitivas masculinas nas conversas com meninos do 9º ano, esses deliciosamente odiosos sabe-tudo que, em questão de meses, se transformaram de meninos de faces rosadas em uma espécie de alienígena – com um intervalo de concentração de 30 segundos se o assunto se encaixar em sua definição de interessante – , e incapazes de fazer mais do que grunhir quando lhes dirigem uma pergunta. Podem mesmo ser odiosos, podem mesmo ser metidos a sabe-tudo, mas nem tudo são más notícias. Há coisas totalmente incríveis acontecendo sob a superfície (e não, não me refiro a abaixo da cintura) que têm um enorme potencial para tranquilizar os adultos do seu mundo de que eles realmente ficarão bem.

Muito cedo no projeto, tomei consciência da linguagem insultuosa usada pelos meninos. Palavras como "gay", "veado", "bicha" e "frutinha" eram claramente audíveis nas conversas dos meninos entre si e pareciam ser empregadas quase como termos carinhosos. Tendo observado esse fenômeno em uma série de ambientes, decidi investigar melhor e perguntei a respeito para um grupo de alunos do 9º ano. Eles se divertiram com minha descrição dessa linguagem como insultuosa, e, rindo entre si, confirmaram que, apesar de usarem comentários depreciativos, falavam assim entre amigos. Quando lhes perguntei por que sempre usavam palavras que faziam referência a homossexualidade, eles responderam: "Porque isso é o pior que se poderia ser."

Não quis interromper naquele momento para investigar com mais profundidade o motivo de eles considerarem tão negativo ser homossexual, mas oportunidades para discutir isso surgiram em vários pontos do projeto e fizeram-me chegar a algumas conclusões, que compartilharei no Capítulo 11.

Levando adiante a discussão, perguntei aos meninos por que eles nunca diziam nada agradável aos colegas e, em um verdadeiro estilo pragmático, um garoto olhou para mim e indagou:

– O quê, por exemplo?

– Ah, não sei... Que tal: "Você está com uma boa aparência hoje?"

– Não, isso ia ser muito gay.

Tendo falhado em convencê-los de que seria bom falar de maneira menos rude uns com os outros, voltei ao uso da linguagem insultuosa.

– E como vocês sabem quando foram longe demais?

– Geralmente corre sangue.

– Não, não é nada disso – disse outro, dando um soco no menino que falara antes. – A gente simplesmente sabe.

– Fale-me sobre esse "simplesmente sabe".

Longa pausa.

– Ah, o outro fica meio quieto... a gente espera um insulto de volta e ele não vem.

– Ou ele vai embora... sem falar nada.

– Ou o pescoço muda de cor.

Nesse ponto, entrei novamente na conversa, que estivera pulando de um lado para o outro pela classe. Surpresa com a perspicácia do comentário desse menino, eu pedi que ele o repetisse.

– Ah, sabe como é, quando alguém fica irritado, a cor da pele no pescoço muda.

Esses meninos entraram em uma fase da vida que alguns adultos classificaram como neoautismo monossilábico, no entanto ali estava um deles me falando de linguagem corporal! Daí em diante, passei a observar o comportamento deles com mais atenção e comecei a entender, pelo menos em algum grau, o modelo da intuição masculina.

Quando um menino passa do 7º para o 8º ano, ele inicia a sério a jornada pela ponte da adolescência em direção à vida adulta que, até então, havia sido apenas sugerida. Tem agora um controle razoável de seu ambiente tanto na escola como em casa e as mudanças físicas em seu corpo lhe dizem de uma maneira muito evidente que ele está a caminho de um lugar novo e excitante. Mas, apesar de todos os sinais externos em contrário, ele se sente nervoso, inseguro quanto ao que é esperado dele e, assim, põe-se a procurar informações. E é então que começa de verdade o desenvolvimento da intuição que sempre existiu. Ele parou de aceitar automaticamente as informações que eram transmitidas pelos adultos à sua volta, considerando a maior parte delas um complô para arruinar sua diversão, e começou a operar o seu próprio radar, através do qual filtra as informações que recebe dos colegas. O objetivo? Descobrir o que significa ser um homem.

Seu amigo Dave usa tal palavra e todos acham que ele é legal, então ele armazena a palavra no cérebro para usá-la também; Jack faz algo e todos o acham um imbecil por isso, então ele armazena isso como algo a não fazer. Mas o desafio para todos os meninos nesse estágio de desenvolvimento é que tudo pode mudar, e de fato muda, muito rapidamente, às vezes nem de um dia para o outro, mas de hora em hora. A palavra legal torna-se uma palavra imbecil, e o ato imbecil passa a ser legal. Portanto, ele tem agora um fluxo ininterrupto de informações entrando e saindo, saindo e entrando. A maior parte disso ainda não assentou.

Atravessando o centro de seu ser há uma viga – imagine-a como uma trave fina de madeira – que, com o tempo, vai se expandir e incorporar as qualidades que ele terá como homem; no momento, porém, é muito estreita. Conforme seu processo de maturação continua, pedaços de informação que ele está colhendo daqueles à sua volta sobre o que é ser um homem, e um bom homem, vão se prender à viga, fazendo-a se expandir. Mas, nesse momento, as informações estão apenas fluindo sem parar, entrando e saindo, e nada permanece. É por isso que ele não fala mais do que os ocasionais grunhidos monossilábicos: há tanto acontecendo do lado de dentro que sua capacidade de até começar a formular uma pergunta ou comentário mais complexo do que "O que tem para o lanche?" é praticamente inexistente.

Tendo entendido um pouco como os meninos usavam a intuição para administrar seu ambiente, observei-os mais de perto e pude notar inúmeros exemplos de intuição masculina em ação.

As escolas masculinas parecem criar um ambiente em que é seguro, em termos emocionais, meninos de todas as idades brincarem. Para onde quer que eu olhasse no intervalo das aulas, podia observar meninos brincando e era como se os jogos tivessem sido criados quase sem comunicação verbal; não havia estabelecimento de regras, definição de limites, escolha explícita de equipes. Estou certa de que essas coisas tinham sido feitas no início do jogo, mas não de uma maneira clara como provavelmente teria ocorrido se houvesse a participação de meninas.

> AS ESCOLAS MASCULINAS PARECEM CRIAR UM AMBIENTE EM QUE É SEGURO, EM TERMOS EMOCIONAIS, MENINOS DE TODAS AS IDADES BRINCAREM.

Vou dar um exemplo da intuição masculina em ação.

Era hora do recreio e quatro meninos, alunos do 7º ano, estavam brincando no pátio de concreto diante do prédio principal da escola. O diretor desceu as escadas no caminho para algo que ia fazer e reparou nos meninos. Ele parou e ficou observando o jogo por um ou dois minutos, tentando entender o funcionamento. Tendo pegado a ideia, entrou no jogo e brincou com eles por uns cinco minutos antes de retomar seu caminho. Nenhuma palavra foi trocada entre os vários participantes nesse momento.

Três dias depois, o diretor desceu pela mesma escada e viu o que parecia ser o mesmo grupo de meninos jogando o mesmo jogo. Ele não hesitou dessa vez, porque achava que já conhecia o jogo, então entrou e começou a jogar. Contou-me depois que devia estar na partida há uns 30 segundos quando percebeu que havia algo diferente: o jogo tinha evoluído de alguma maneira. No exato momento em que ele, um homem adulto, sentiu que algo diferente estava acontecendo, um menino do 7º ano olhou direto para ele e disse: "Sr. B., ou fica ou vai."

Não é só intuição dos meninos e como eles se comunicam, é também intuição masculina, estilos de comunicação masculinos. Estou agora convencida de que, em geral, cerca de 80% da comunicação entre os homens é silenciosa e, se os homens estiverem se comunicando com outros homens, essa porcentagem sobe para 90%. Eles se comunicam com gestos das mãos, com os olhos e as sobrancelhas, com a cabeça, e só então falam. Em completo contraste com as mulheres, eles não falam a menos que haja algo para dizer.

Em uma conferência de que participei recentemente como palestrante convidada, estava sentada esperando para falar a um grupo de cerca de 300 mulheres. Enquanto as observava entrando na sala, comecei a reparar no barulho que faziam. Parecia que todas falavam ao mesmo tempo. Tentei focar no que as deixava tão energizadas: talvez estivessem discutindo a situação mundial no contexto da Guerra do Iraque, ou talvez a situação política em nosso próprio país. Mas não, elas falavam sobre onde iam se sentar. "Ei, Mary, vamos mais para a frente", "Sally, acho que deveríamos ficar ali", "Alguém viu Jude? Ela pode querer sentar conosco", "Onde você acha que vamos ouvir melhor, no fundo ou por aqui?", "Será que há lugares marcados? Podemos nos sentar aqui mesmo?" A discussão continuou por vários minutos, depois foi parando aos poucos, conforme as mulheres se acomodavam em seus assentos, confirmando entre si se todas estavam satisfeitas com o arranjo.

Não há nada errado com a cena que acabei de descrever e não estou de forma alguma criticando ou julgando as mulheres por se comportarem assim. Sem dúvida eu teria me comportado exatamente da mesma maneira se fosse parte do público. Ao destacar esse acontecimento, meu intuito é comparar como homens e mulheres agem em tais situações.

Acho que posso garantir com razoável certeza que, se 300 homens estivessem entrando em uma sala em circunstâncias similares, não haveria conversa sobre onde sentar. Se alguma conversa acontecesse, seriam falas rápidas e triviais e respostas igualmente curtas. "Bom jogo ontem à noite." "É mesmo." "Shane Warne parece ter se encontrado." "É verdade." Mas, se observássemos de fato a cena, perceberíamos muita comunicação acontecendo. Se um homem quisesse que outro se sentasse ao seu lado, simplesmente faria sinal com a cabeça para um assento e ergueria uma sobrancelha, e o outro homem saberia exatamente o que ele queria dizer. Ele não falaria; não haveria necessidade. Apenas se sentaria.

Como parte do projeto, tive a sorte de poder passar algum tempo em workshops com os diretores de várias escolas. Foi aí que comecei a entender quanta conversa silenciosa está sempre acontecendo entre os homens. Nós, mulheres, não sabemos nada sobre isso; acontece à nossa volta e, na maior parte do tempo, nem temos ideia de que ela ocorre. E, quando não ouvimos nada sendo dito, tentamos articular o que está acontecendo. Assim, quando um pai ergue a sobrancelha para o filho como resultado do que este acabou de dizer ou fazer, a mãe pega o gesto no ar e diz: "Precisava ser tão duro com ele?" Depois, volta-se para o filho e completa: "O que seu pai queria dizer na verdade é que..." Não havia necessidade de tradução. Pode haver discordância entre as duas partes, mas a mensagem foi recebida e entendida. Se houver mais a ser dito, os dois homens encontrarão o seu próprio caminho para a próxima parte da conversa – e as chances são altas de que as mulheres não a percebam também.

Os homens são muito intuitivos e parecem usar a intuição como ferramenta de comunicação com considerável sucesso. O desafio para as mulheres é reconhecer a comunicação que está ocorrendo no silêncio e confiar nela, deixando-a fluir, em vez de insistir que tudo precisa ser discutido abertamente.

Muitas vezes refleti sobre o que poderia ter feito diferente com meu filho durante sua adolescência se soubesse o que sei agora sobre o poder da intuição masculina e o modo como ela se desenvolve. Acho que a resposta é que eu teria conversado com sua intuição e não com sua beligerância. Em vez de abordá-lo repetidamente com a expressão "tem que", como me lembro de ter feito várias vezes, eu teria passado ao largo da imagem visual do adolescente carrancudo e falado à sua intuição. Poderia, por exemplo, ter dito: "Mas nós dois sabemos que isso não está certo, não é?" Ele não teria me abraçado e dito "Sim, mamãe, nós sabemos", mas entendo agora que teria me ouvido. E, agindo dessa maneira, eu estaria incentivando o desenvolvimento de sua intuição e ajudando-o em sua jornada para a vida adulta.

O pragmatismo e a intuição dos meninos foram duas grandes surpresas do projeto. A terceira foi a descoberta da extraordinária sabedoria dos garotos de 12º ano que conheci. Em conversas com alunos desse nível, eu vivia me espantando com sua capacidade de falar em profundidade e com incrível *insight* sobre alguns dos temas mais difíceis. Não precisei trazer o tópico do suicídio de jovens, pois eles mesmos o fizeram, muitas vezes exibindo alto nível de consciência dos vários aspectos envolvidos e mostrando-se mais do que capazes de encontrar as palavras de que precisavam para explicar como viam o mundo em relação a isso e a muitos outros temas.

Não estou sugerindo que eles tenham se tornado adultos totalmente maduros ao cruzar a fronteira do 11º para o 12º ano. Esse certamente não era o caso: ainda eram meninos por dentro, aproveitando qualquer oportunidade que aparecesse para entrar em um jogo, fazer brincadeiras com um colega de classe ou injetar uma dose de diversão no que quer que estivesse acontecendo. O que eu via eram jovens em seu caminho de saída da adolescência, com um forte entendimento do mundo à sua volta e do lugar que poderiam ocupar nele, e capazes e dispostos a articular suas visões sobre os temas que eu propunha.

Antes de compartilhar alguns dos *insights* que obtive dessas sábias criaturas, sinto que é necessário acrescentar uma advertência. Embora seja verdade que o aluno de 12º ano é um rapaz esplêndido e aparentemente maduro que avança confiante para o final da vida escolar, há uma forte chance de que ele venha a dar o que parecerá um passo atrás durante o primeiro ano fora da escola. Ele pode se tornar um idiota que quer ficar bêbado e/ou fazer sexo e não muito mais do que isso. (Estou me apoiando aqui na minha experiência com alunos do primeiro ano do ensino superior.) O fato de ele poder se tornar tal criatura não invalida minha descrição dos meninos de 12º ano como jovens sábios e perspicazes. O que acontece simplesmente é que, no 12º ano, ele alcança uma zona de conforto e faz uma pausa. Quando sai da escola, ele deixa essa zona de conforto e começa a seguir o caminho para o próximo. No começo, desacostumado à súbita e completa liberdade, ele retrocede alguns passos. Com o tempo, vai se firmar novamente – pode demorar um pouco, mas isso acontecerá. O que ocorre quando ele sai cambaleante da estrutura da escola é simplesmente parte do processo.

Quando eu trazia o tema das emoções para alunos de todos os níveis, era interessante observar como a raiva era a emoção mais aceitável e como todas as outras pareciam ser transformadas em raiva. Parece que o medo tornava-se raiva, a dor tornava-se raiva e a tristeza tornava-se raiva. Por que, eu me perguntava, isso acontece? Estarão os meninos recebendo alguma mensagem que diz que a raiva é a única emoção válida para homens, ou eles transformam qualquer emoção que estejam sentindo em raiva para torná-la mais administrável? Ainda não tenho certeza de saber a resposta para essa pergunta e reluto em dar um viés feminino às possibilidades, considerando que agora sei que boa parte de minha visão de mundo difere da visão masculina.

Era comum no decorrer das visitas encontrar-me em escolas que choravam a perda de um aluno ou de um recém-formado por suicídio ou morte no trânsito. Ao ver as escolas lidarem com essa situação repetidas vezes, tomei consciência de que a realidade da morte está muito perto da vida dos meninos, possivelmente muito mais perto do que estava para as pessoas de minha geração. Um número significativo de jovens está optando pelo suicídio ou levando a si mesmos e aos colegas à morte ou a danos físicos decorrentes das estradas e, como resultado, os meninos adolescentes têm sentido emoções profundas e dolorosas como parte da vida cotidiana, mesmo que não pareçam ser afetados. Foi durante as conversas com alunos do 12º ano sobre suicídio, morte e luto que vi ser aberta a janela para a sua sabedoria natural.

– Quem teve a experiência da morte de alguém próximo?
Vários deles levantaram a mão.
– Alguém saberia me dar uma imagem visual da dor?
De imediato, um dos alunos me olhou e disse, unindo as mãos:
– A minha é uma bola pequena e dura.
– E você a está segurando agora?
– Estou.
– Então ela cabe na sua mão?
– Cabe.
– Certo, agora que você a tem nas mãos, o que faz com ela?
– Eu a coloco aqui e vou para a quadra jogar.
– O jogo envolve contato físico?
– Sim, quanto mais duro melhor.
– Então você foi lá e jogou. Agora volta e olha de novo para a dor. Ela mudou de forma?
– Não.
– Ficou menor?
– Não.
– Alguma coisa fará com que se torne menor?
– Não.
– Conversar?
– Não!
– Então ela simplesmente fica desse tamanho?

– É.

– Permanentemente?

– O tempo talvez faça uma diferença.

– Mas será parte do que você é para sempre?

– Sim.

O garoto ao lado dele entrou na conversa.

– A minha não é uma bola – disse. – Sei que isso é um clichê, mas a minha é uma garrafa. Eu ponho a dor na garrafa e a fecho com uma rolha.

– A garrafa às vezes fica cheia?

– Sim.

– O que você faz com ela?

Nesse ponto, ele fez um gesto como se estivesse jogando algo sobre o ombro.

– Ela acerta alguém?

– É, geralmente.

Repare que os dois mencionaram contato físico (em um caso, quanto mais duro melhor) como uma maneira de lidar com a dor.

Outro menino falou em seguida.

– A minha também é uma garrafa, mas eu não a jogo fora. Fiz um furo no fundo e a dor vai pingando em um ritmo com o qual consigo lidar.

O colega ao lado dele acrescentou:

– Eu tenho uma garrafa também, e ela tem um daqueles tubos – ele fez um gesto imitando os tubos para ministrar medicação em terapia intensiva –; então eu posso mover o controlador de fluxo para aumentar ou diminuir conforme achar necessário.

Fazia apenas uns cinco minutos que eu estava conversando sobre luto com esse grupo de alunos de 12º ano e já havíamos desenvolvido algumas imagens muito claras do que estava envolvido na administração de emoções difíceis. A conversa continuou por mais uns dez minutos nessa linha e as imagens foram ficando ainda mais fortes.

Já mencionei o aluno que, quando eu falei de jovens cometendo suicídio porque não conseguiam ver uma saída para a escuridão em que se viam presos, comentou que a resposta para esse dilema era simples:

só temos que lembrar aos meninos que haverá outros momentos na vida. É aí que o verdadeiro aprendizado pode ocorrer para aqueles de nós que participam da vida de meninos adolescentes; esse é o lugar em que podemos nos conectar com a sabedoria natural deles e encontrar as respostas para as perguntas que nos perturbam acima de todas as outras. Como mantê-lo seguro? Como impedi-lo de sofrer uma overdose de drogas, de se matar em um carro, de tomar uma decisão estúpida que o leve para trás das grades de uma prisão? Não precisamos olhar muito longe: as respostas para essas perguntas estão dentro da cabeça dos garotos de 12º ano. Basta encontrarmos tempo para fazer as perguntas e desenvolver nossa capacidade de ouvir, realmente ouvir, as respostas.

Mas, no momento em que poderíamos e deveríamos parar para coletar essas informações, tanto para nossa própria educação como para melhorar nossos meios de ensinar e de administrar os meninos mais novos, incluindo os desafiadores alunos de 9º ano, o currículo escolar quase não abre espaço para tal atividade. Não precisaria ser um módulo acadêmico; na verdade, nem deve ser – transformar a ideia em um módulo acadêmico seria o mesmo que matá-la. O que estou falando é de desenvolver nossa capacidade de conversar com alunos de 12º ano sempre que houver oportunidade. Estou sugerindo 15 minutos aqui, 20 minutos ali, fazendo uma pergunta sobre como eles veem determinado aspecto da vida, indagando sobre temas como sexo, drogas, álcool, masculinidade e relacionamentos do modo como eu fiz; ousando perguntar, ouvindo com atenção e sem fazer julgamentos e buscando entender melhor como é o mundo na visão deles.

- A intuição masculina é uma habilidade muito desenvolvida, que a maioria dos homens usa praticamente sem ter consciência exata do que estão fazendo.

- Há tanto acontecendo do lado de dentro para um menino de 9º ano que ele não consegue falar mais do que os ocasionais grunhidos monossilábicos.

- Cerca de 80% da comunicação entre os homens é silenciosa e, se os homens estiverem se comunicando com outros homens, essa porcentagem sobe para 90%.

- O desafio para as mulheres é reconhecer a comunicação que está ocorrendo no silêncio e confiar nela, em vez de insistir que tudo precisa ser abertamente discutido.

- Nas conversas com os alunos do 12º ano, eu vivia me surpreendendo com sua capacidade de falar profundamente e com incrível *insight* sobre os temas mais difíceis.

- No primeiro ano fora da escola, ele pode se tornar um idiota que só pensa em ficar bêbado e/ou fazer sexo e não muito mais do que isso.

- A raiva é a emoção mais aceitável para os meninos adolescentes. Todas as outras emoções parecem ser transformadas em raiva.

- A realidade da morte está muito próxima da vida dos meninos, possivelmente muito mais do que estava para as pessoas da minha geração.

- Precisamos conversar com alunos do 12º ano sempre que pudermos, 15 ou 20 minutos aqui e ali, perguntando-lhes sobre tópicos como sexo, drogas, álcool, masculinidade e relacionamentos.

CAPÍTULO 8

Pare de preparar o lanche dele: o que as mães devem fazer

Em um café da manhã de pais e filhos realizado recentemente em uma das escolas que haviam participado do Projeto Bom Homem, dei um conselho aos meninos que estavam sentados ao lado dos pais. Quando a mãe lhes perguntar o que aconteceu esta manhã, sobre o que falaram, digam-lhe que tudo o que ela precisa saber é que vocês e seus pais estiveram aqui juntos, tomaram o café da manhã e me ouviram falar um pouco. O.k.? É só isso que ela precisa saber: eu estava lá, o papai estava lá, fim da história. Foi um programa de homens, assunto de vocês. Se ela continuar insistindo, tentando fazê-los contar o que eu disse, se vocês ou seus pais disseram algo, quem mais falou, apenas repitam que ela não precisa saber. Digam de novo: foi assunto de homens.

Quando eu disse isso para o grupo à minha frente, pude ver os olhares trocados entre os meninos e seus pais e entre os homens na sala; olhares que, se traduzidos em palavras, provavelmente diriam algo como: "Você deve estar brincando. No minuto em que eu puser os pés em casa, ela estará na porta querendo saber o que aconteceu e não vai parar enquanto eu não contar o que ela quer saber... ou até eu ter inventado alguma coisa que satisfaça a sua curiosidade."

Isso pode parecer uma tradução muito dura, que faz das mulheres as vilãs da história. Mas era exatamente isso que os homens estavam pensando, e não sem boas razões. Eu falei sobre as boas surpresas do projeto; bem, essa foi outra surpresa, mas não tão boa: o grau com que as mães, em particular as mães brancas de classe média, envolvem-se excessivamente na vida dos filhos adolescentes. Eu não tinha pensado em explorar isso como parte do projeto. Comecei a ter reuniões com pais e mães nas escolas onde estava trabalhando porque os diretores acharam que seria uma boa ideia informar a eles sobre o projeto e sobre as razões de a escola ter decidido participar. As reuniões eram feitas para informar os pais, mas acabavam informando a mim. E, quando foi tomada a decisão em uma das escolas de conversar separadamente com os pais e com as mães sobre seus filhos, esse se tornou um formato habitual no projeto. Nessas reuniões, começaram a fluir o que passei a considerar as informações "reais" sobre pais e mães e seus papéis.

> A QUESTÃO CENTRAL NA VIDA DOS MENINOS ADOLESCENTES PARECE SER COMO FAZER AS MÃES SAÍREM DA PONTE DA ADOLESCÊNCIA E OS PAIS ENTRAREM NELA.

Mencionei em capítulo anterior, ao discutir o conceito de uma ponte da adolescência, que o projeto me levara a acreditar que a questão central na vida dos meninos adolescentes parece ser como fazer as mães saírem da ponte e os pais entrarem nela. Enquanto o desafio para os pais é se fazerem claramente visíveis na beira da ponte, o desafio para as mães é soltar a mão de seus amados filhos e deixá-los caminhar pela ponte no seu próprio ritmo e na companhia de outras pessoas do sexo masculino. Quando expliquei esse conceito para as mães dos alunos em várias escolas, houve momentos de "ahã", com as mulheres reconhecendo o próprio comportamento e compreendendo a vulnerabilidade que vinham sentindo enquanto os filhos avançavam, às vezes a uma velocidade temerária, em direção à ponte. Não era raro que uma mãe olhasse para mim depois de uma apresentação sobre o projeto e dissesse, rindo: "Estou acampada na ponte, agora me diga como sair daqui."

Quando falo de mães entrando na ponte da adolescência e passando o tempo ali orientando o trânsito, não me refiro apenas às outras mães. Falo de mim mesma. Fui uma dessas mães e, olhando para trás agora, há muitas coisas que gostaria de ter feito de modo diferente.

Antes de começar a discutir o que observei sobre as mães durante o projeto, talvez seja uma boa ideia compartilhar um pouco da minha própria experiência como mãe de um menino adolescente.

Tenho dois filhos, e o menino é o mais novo. Casei cedo, divorciei-me cedo e, como resultado, criei meus filhos sozinha desde que eles tinham 6 e 4 anos de idade. O pai deles morou em outro país por muito tempo durante seus anos de formação, mas eu tive o apoio da minha família, da família dele e de um grande grupo de amigos enquanto os trazia até a vida adulta.

Até os 12 anos, meu filho era um menino lindo, de cílios longos e com um grande sorriso, que brilhava para o mundo e levava-o a sorrir de volta. Ele não tinha dificuldade para conseguir o que quisesse, e aproveitava-se muito da proteção da irmã – ela se preocupava e se esforçava para ser responsável; ele se divertia. E, então, começou sua jornada pela ponte da adolescência, um estranho invadiu seu corpo, e eu passei os anos seguintes me perguntando para onde o meu menino havia ido. Tinha a forte sensação de que ele ia ser um bom homem se chegasse à idade adulta, mas conseguiria viver até lá? Parecia existir uma possibilidade muito real de que ele se matasse acidentalmente como resultado do comportamento de risco que adotava com frequência, apesar de todos os meus esforços para controlá-lo ou, talvez mais provável, de que eu o matasse por puro desespero.

Eu o matriculara em uma escola masculina a fim de inseri-lo no mundo masculino, achando que isso ajudaria a lhe ensinar como se tornar um bom homem. Embora certamente tenha havido alguns dias calmos e relativamente sem incidentes ao longo dos anos seguintes, não é desses que eu lembro. Olhando para trás agora, é como se ele tivesse criado estreita relação com o responsável pela disciplina na escola a partir do dia dois e mantido essa relação pelos três anos e meio seguintes, que foi quando resolvi dar um tempo para nós dois e, por fim, deixei-o em paz.

O que eu não sabia até então, mas sei agora com absoluta clareza, é que, pela perspectiva da escola, eu muito provavelmente era uma mãe infernal. Tinha-o mandado para a escola na esperança de que o envolvessem em valores masculinos positivos e lhe mostrassem o caminho para a vida adulta. Tendo tomado essa decisão, passei os três anos e meio seguintes dizendo a eles o que não estavam fazendo pelo "meu menino". O que eu realmente queria dizer, agora que estou preparada para ser honesta comigo mesma, era que eles não estavam fazendo o que eu queria do jeito que eu queria. Estavam fazendo exatamente aquilo que me fizera matriculá-lo na escola – tentando mantê-lo estável e orientá-lo para a vida adulta enquanto o educavam –, e eu ficava interrompendo o processo. O responsável pela disciplina daquela época é agora o diretor da escola e, quando o reencontrei recentemente, comentei como eu devia ter sido difícil de administrar e quanto devo ter interferido. Ele me olhou daquele jeito despreocupado dos homens e disse: "Não, você não foi tão ruim. Havia outras muito piores." Essa resposta não ajudou muito a me tranquilizar de que eu não tenha sido uma amolação total.

Enquanto eu percorria a jornada da adolescência com meu filho, passei muito tempo pensando: "O que eu deveria estar fazendo com ele? Como deveria lhe mostrar como ser um bom homem, e o que vem a ser isso, afinal? Quais são os ritos de passagem que levam um menino da infância à vida adulta?" Eu pensava e me preocupava com ele, sabendo que a essência do garoto era boa, mas havia muitos obstáculos interferindo em seu caminho. Ele assumia riscos: estava constantemente aberto, fazendo coisas que eu sentia que ele precisava fazer e, enquanto as fazia, eu me perguntava se um dia teria que encontrar forças para enterrar meu filho. Ele comprou um carro e o manteve apenas por 24 horas, antes de enfiá-lo em um poste. Felizmente era um carro grande e nem ele, nem seus amigos, nem mais ninguém, saiu ferido no acidente; eu fiquei, porém, assustada com o comportamento dele. Não queria transformá-lo em um indivíduo sem vontade própria, dominado pela mãe e sempre tendo que levar em conta os meus sentimentos e inseguranças ao tomar decisões sobre a própria vida, mas queria mantê-lo vivo e ver meu lindo menino crescer e se tornar um bom homem. A questão era: como?

Outra forte influência sobre meus pensamentos e minha preocupação com meu filho vinha de minha experiência de trabalho. Na época em que meu filho se aproximava da ponte da adolescência, e eu começava a refletir sobre a tarefa que tinha adiante e sobre meu papel como mãe solteira de um menino adolescente, eu era agente penitenciária em prisões masculinas. Enquanto caminhava pelas alas da prisão, notava quantos dos presidiários eram como o meu filho. Eram garotos, garotos em corpos de homem, garotos que não eram inerentemente maus, que tinham nascidos cheios de magia como todas as crianças, mas que haviam tomado decisões estúpidas de 30 segundos e, agora, eles e suas famílias sofriam as consequências. Como o jovem que "pegou emprestado" o carro do pai e saiu com o melhor amigo no banco de passageiro e, então, resolveu fugir dos policiais, que tentaram fazê-lo parar por dirigir em excesso de velocidade e acabou batendo. O melhor amigo morreu, e ele estava na prisão cumprindo pena de sete anos por homicídio. Era um bom garoto – apenas fizera a escolha errada.

Aos meus olhos de mulher, parecia que muitos jovens estavam indo para a prisão como parte de uma espécie de busca da masculinidade. Infelizmente, muitos dos símbolos da masculinidade envolvem álcool, violência e carros velozes, e os garotos vão atrás disso, achando que estão agindo como homens. Eles acham que é másculo entrar em um carro, afundar o pé no acelerador e voar a 140 ou 160 quilômetros por hora. Acertam um poste de luz e morrem, ou seu melhor amigo no banco do passageiro morre e eles vão para a prisão e vivem para sempre com o remorso de que o amigo morreu por causa deles.

Não é que eles acordem e pensem: "Cara, acho que vou para a prisão hoje", mas sim que: "Sou um homem agora e posso fazer isso." Então bebem álcool, aceitam drogas quando lhes são oferecidas, sem nenhuma ideia do que o cérebro vai levá-los a fazer quando estiverem bêbados ou chapados e não se lembrarem de onde estão. "Deve haver algum outro caminho", eu pensava; deve haver algum outro rito de passagem que eu não conheça e que possa ajudar os meninos a chegarem à vida adulta de maneira menos perigosa.

Ainda me lembro vivamente da sensação de impotência que sentia enquanto via meu filho atravessar a ponte da adolescência. Não tinha certeza do que deveria fazer, não tinha certeza de como trazer homens para a vida dele, não tinha certeza de qual papel eu deveria estar desempenhando para tentar abrir ou reabrir sua relação com o pai. No fim, decidi que a única coisa que eu podia fazer era entrar na ponte com ele, mesmo sabendo, no momento mesmo em que entrava, que não deveria estar ali.

Por que eu não deveria estar ali? Simplesmente porque ele estava na jornada para se tornar homem, e eu não era um homem. Há fortes diferenças entre os gêneros, agradáveis diferenças, e há alguns momentos na vida em que essas diferenças precisam ser reconhecidas e aceitas. Um desses momentos para as mulheres é quando nossos filhos começam a caminhada para a vida adulta.

Uma das lições que aprendi sobre isso veio das várias ocasiões em que observei professores homens disciplinarem os alunos. Muitas vezes me peguei pensando que lidaria melhor com a situação: eu explicaria a questão mais claramente para o menino envolvido, seria mais gentil, teria um senso de justiça mais forte etc. Não penso mais dessa maneira agora; parei de pensar assim não muito tempo depois de observar o incidente que descreverei a seguir.

Eu tinha entrado na sala de um diretor sem perceber, ao empurrar a porta entreaberta, e vi que um menino do 10º ano estava lá dentro. Logo me dei conta de que algo estava acontecendo e eu havia interrompido. Era quase possível ver uma nuvenzinha escura sobre a cabeça do garoto: ele estava, sem dúvida, zangado. O diretor estava sentado atrás da mesa, ocupado em algum trabalho. Sem saber direito o que fazer e para aliviar a situação, eu disse para o menino: "Parece que estamos com um probleminha aqui, não é?" Ele resmungou algo para mim e voltou a olhar para o chão. Nesse momento, o diretor levantou-se, contornou a mesa e aproximou-se do menino. Aquele garoto estava muito bravo. O diretor avançava para ele com a mão estendida e parecia mirar o colarinho do menino, que estava um pouco torto. Eu tinha sido agente penitenciária; tinha visto o que acontece quando se toca em pessoas muito bravas – geralmente, leva-se um soco na boca. Então ali estava eu, com meu supremo conhecimento de mulher, pensando: "Isso será interessante. Tocar esse menino pode produzir uma reação e tanto. Por que ele está preocupado com o colarinho do garoto em um momento como esse? O que importa se está torto?"

Enquanto, com a mão estendida, o diretor se aproximava do menino, e eu me parabenizava interiormente por saber mais que ele como situações daquele tipo funcionavam, ele disse: "É, ele está com um probleminha. Ele furtou um celular, sabe que o furtou, sabe que eu sei que ele o furtou e em algum momento vai me contar sobre isso." Ao terminar de falar, ele estendeu a mão e arrumou o colarinho do menino. Baixou, então, a mão para o ombro do garoto, dizendo: "Mas nós vamos resolver isso." O menino não o socou. Ficou uns dez segundos parado, absorvendo a sensação da mão do homem em seu ombro; depois, para recuperar o orgulho, sacudiu o ombro para afastar a mão. Mas, naqueles poucos segundos, um homem jovem fora informado por um homem mais velho que, embora o que ele havia feito não fosse legal, ele era legal, e haveria uma maneira de resolverem aquela situação que o deixaria intacto. Tinha sido uma interação incrivelmente habilidosa entre um homem e um menino e não acredito que houvesse uma mulher na Terra capaz de passar a mensagem de forma tão eficiente. Isso é o que acontece quando deixamos homens cuidarem de assuntos de homens.

> O PAPEL DOS HOMENS NESSE PONTO DA VIDA DOS MENINOS É GUIÁ-LOS PELA ADOLESCÊNCIA. NOSSO PAPEL É FICAR DE LADO, DEIXAR OS HOMENS FAZEREM O QUE FAZEM TÃO BEM.

Meninos são criaturas extraordinárias. Sua intuição e seu pragmatismo os tornam incrivelmente divertidos, incrivelmente desalentadores e maravilhosos. O papel dos homens nesse ponto da vida dos meninos é guiá-los pela adolescência. Nosso papel é ficar de lado, deixar os homens fazerem o que fazem tão bem e assistir da arquibancada, participando ocasionalmente, e sabendo que é a hora deles e a vez deles.

Tenho uma mensagem para as mães, uma mensagem de nossos filhos. Quando perguntei aos meninos o que poderia dizer às suas mães em nome deles, sua resposta foi simples e clara: "Relaxem."

Na primeira vez que fiz essa pergunta, fiquei um pouco surpresa com a velocidade com que eles responderam, e reagi dizendo: "Certo, eu direi a elas para relaxarem, desde que vocês possam me garantir que, primeiro, sabem que elas estão lá presentes; e segundo, que elas vão ficar sabendo das coisas importantes." Eles olharam firme para mim e disseram: "Claro que nós sabemos que elas estão lá, não é preciso nos lembrar disso. Sabemos que elas estão lá e vamos procurá-las para os assuntos importantes, mas elas precisam relaxar com as coisas pequenas."

Então, o que eram as coisas pequenas? Acompanhem esta conversa.

– Qual é a principal diferença entre homens e mulheres?

– As mulheres se preocupam com bobagens.

– É mesmo? O quê, por exemplo?

– A cor do quarto, a cor do esmalte que estão usando e o que fulana disse sobre sabe-se lá o quê.

– De quem vocês estão falando? Suas mães, suas namoradas, suas irmãs...

– De todas as mulheres.

É importante notar que, quando disse "todas as mulheres", esse aluno, um menino de uns 15 anos, tinha uma expressão de total resignação. Será que isso era algo que absorviam pela pele quando estavam em companhia de homens mais velhos? Há canais de comunicação secretos estendendo-se entre homens e meninos dos quais as mulheres não sabem absolutamente nada? Como um menino de 15 anos pode estar tão conformado já tão cedo com o fato de que todas as mulheres se preocupam com bobagens? A conversa continuou, e eu recebi mais exemplos dos meninos sobre assuntos que eles consideravam triviais demais para serem comentados, mas que as mulheres adoram discutir.

Um aluno sentado no fundo da classe estava participando apenas parcialmente da discussão. Sua principal preocupação vinha sendo rabiscar no bloco de anotações à sua frente. Nesse ponto da conversa, ele olhou para mim, baixou a caneta que segurava e disse, muito tranquilamente: "É, a gente perde uma meia, aí ela vai lá e compra cinco pares novos... é só uma meia!"

E então outro rapaz acrescentou:

– Minha mãe me acorda dez minutos mais cedo do que eu preciso para sair da cama todas as manhãs. (Note o pragmatismo – "dez minutos mais cedo do que eu preciso para sair da cama". Ele tinha calculado exatamente de quanto tempo precisava para sair da cama, fazer o necessário e chegar à escola no horário – não haveria nenhum momento sobrando aí.)

– É mesmo? Por quê?

– Ela quer que eu me levante e dobre as roupas que estão jogadas na cama extra no meu quarto.

– E você se levanta?

– Não.

– Você um dia vai se levantar?

– Não.

A mãe desse menino dava a si mesma dez minutos de angústia todas as manhãs tentando transformar o filho em um adolescente que dobra roupas – estava se preocupando com bobagens. No contexto de tudo o mais que vinha acontecendo na vida desse menino, que importância tinha se havia roupas jogadas na cama extra do quarto? Ele não estava sendo desrespeitoso com a mãe ou deliberadamente desobediente. Apenas não entendia qual a utilidade de perder um precioso tempo de sono dobrando roupas que, em algum momento nos próximos seis meses, ele iria vestir, ou mandar para a lavanderia.

Eu não estava no projeto havia muito tempo quando comecei a ter conversas com os vários diretores sobre o papel dos pais para ajudar a escola a educar os filhos. Foi um tema que eles mesmos levantaram. Tinham a impressão de que, enquanto antes costumava ser comum os pais apoiarem a escola nas decisões tomadas com relação aos filhos, em especial questões de disciplina, agora parecia acontecer o contrário. Agora a norma é que os pais considerem que a escola agiu errado e tratou o filho injustamente em qualquer ação adotada. Minhas conversas com os próprios pais levaram-me a avançar um pouco mais nesse tema. Acredito que haja um número significativo de mães – mães, não pais – que acham que as regras da escola devem se aplicar a todos, exceto a seu filho; mães que estão prontas a pular e defender seus meninos por mais terrível ou inaceitável que tenha sido o comportamento deles. Fiquei sabendo de vários casos que corroboram essa ideia e vou compartilhar alguns. Mas, primeiro, vamos falar sobre o papel dos pais em tudo isso.

Os diretores diziam-me repetidamente que, quando pai e mãe vêm conversar porque o filho está com algum problema, é a norma que apenas a mãe fale. O diretor olha para o pai e é óbvio que ele tem algo a dizer, alguma opinião a dar, mas ela não abre espaço suficiente para que ele fale. No início, eu não sabia se acreditava totalmente nos diretores quanto a isso. Achei que talvez fosse uma visão muito tendenciosa, então decidi investigar um pouco mais. A oportunidade surgiu quando me vi diante de um grupo de pais.

– Ouçam, rapazes, eu só quero verificar um ponto. Parece que, quando vocês são chamados com a esposa à sala do diretor por causa de algum problema com os filhos, vocês ficam quietos, não falam nada.

– É verdade – foi a resposta de um homem.

– Por quê?

– Porque eu vou atrapalhar.

Um pouco ingenuamente, eu repliquei:

– Não, você não pode atrapalhar, porque é o seu filho.

– Ah, não – ele olhou direto para mim, com a agora já conhecida expressão conformada no rosto. – Eu vou atrapalhar... e depois vou ter que ouvir muito quando chegar em casa.

Quando ele disse isso, várias cabeças na sala moveram-se, concordando. Os homens pareciam ter gostado de escutar alguém identificar uma situação que todos eles conheciam muito bem.

Depois de mais alguma discussão sobre esse tema com os homens, fui conversar com as mulheres e, enquanto me dirigia à sala onde elas estavam, comecei a pensar que o quadro apresentado pelos homens provavelmente era um pouco injusto e ofenderia as mulheres com quem eu ia me encontrar em seguida. Pois não poderia estar mais errada.

– O marido de vocês acabou de dizer que, quando vocês estão juntos na sala do diretor, eles não se metem na conversa porque, senão, vão atrapalhar.

Uma mulher nem sequer hesitou; olhou para mim e, sem um pingo do constrangimento que eu esperava, disse:

– É, e é isso mesmo.

– E eles acham que vão ter que ouvir muito de vocês quando chegarem em casa.

– Eu nem esperaria tanto. Já diria o que tinha que dizer no carro.

Pareceu haver concordância geral com esse comentário, e a conversa continuou com outra mulher dizendo:

– Eu o levo nas noites de reunião entre pais e professores, mas ele nunca diz nada.

Nessa altura, eu estava pensando: "Sim, e acho que estou começando a entender por quê." Então, propus:

– Há uma solução possível.

– Qual?

– Vocês poderiam mandá-los sozinhos, aí eles vão ter que falar.

Nesse momento, todo o grupo de mulheres inteligentes e articuladas de classe média me olhou como se eu tivesse acabado de sugerir que elas comessem cobras. ("Nenhuma questão de poder e controle por aqui", pensei comigo mesma!)

> – O MARIDO DE VOCÊS ACABOU DE DIZER QUE, QUANDO VOCÊS ESTÃO JUNTOS NA SALA DO DIRETOR, ELES NÃO SE METEM NA CONVERSA PORQUE, SENÃO, VÃO ATRAPALHAR.
>
> – É, E É ISSO MESMO.
>
> – E ELES ACHAM QUE VÃO TER QUE OUVIR MUITO DE VOCÊS QUANDO CHEGAREM EM CASA.
>
> – EU NEM ESPERARIA TANTO – FOI A RESPOSTA. – JÁ DIRIA O QUE TINHA QUE DIZER NO CARRO.

Uma mulher ergueu bravamente a mão e disse:

– Eu poderia fazer isso, mandá-lo vir sozinho.

– Ótimo – respondi. – Ótimo.

– Desde que recebesse uma lista detalhada do que ele falou.

A questão aqui é: você não precisa saber. Esse é um assunto de homens e é hora de sairmos do caminho. Os homens com quem conversei ao longo do projeto eram homens bons, inteligentes e articulados que, tendo aceitado a responsabilidade de ir a uma reunião entre pais e professores, não se recusarão a lhe contar os assuntos importantes. É preciso apenas aceitar que o que ele lhe conta é o que atende ao critério de importância dele, não ao seu. Não sei bem como ou por que chegamos à situação em que muitas mulheres parecem acreditar que precisam saber tudo, mas parece ser assim e, pelo bem de nossos meninos, é hora de perceber que precisamos mudar. Quando seu filho começar a sério a jornada para a vida adulta, é hora de relaxar e deixá-lo ir. Talvez, acima de tudo, seja hora de confiar que o pai dele possa encontrar o caminho para enfrentar os desafios que agora se apresentam, ajudando-o quando puder, em vez de empurrá-lo para o lado sob o pretexto de que, de alguma forma, você saberá lidar melhor.

Não estou dizendo isso em favor dos homens com quem conversei no projeto. Não sou uma advogada autoinstituída dos homens. Digo isso em favor dos meninos, porque eles ecoaram o que os homens me disseram a esse respeito e são eles o moativo do projeto:

– Minha mãe quer saber de tudo. Se eu conto alguma coisa, ela tem mais uma centena de perguntas. É mais fácil não dizer nada.

– Eu cheguei em casa – contou um garoto – e contei para minha mãe que tinha conhecido uma menina e gostado dela. "É mesmo? Qual é a cor do cabelo dela? O que o pai dela faz? Em que escola ela está?" Mãe, eu só a conheci, não vou me casar com ela.

Outro menino:

– Eu parei de contar o que faço para minha mãe quando tinha uns 11 anos.

– Foi muito cedo. Por que fez isso?

– Eu disse a ela que tinha dado meu primeiro beijo. Na reunião de família seguinte, ficou claro que ela tinha contado para todo mundo. Todos olhavam para mim com uma cara estranha. Então eu parei de contar minhas coisas para ela.

Note a intuição em funcionamento aqui. Você acha que não tem problema falar sobre seu filho e o que ele anda fazendo quando ele não está presente, mas a intuição dele funciona muito bem, funciona o tempo todo, aliás, nesse ponto da vida, e ele sabe quando essas conversas ocorreram. Quando você vai ao quarto de seu filho e remexe o cesto de lixo procurando pistas do que anda acontecendo na vida dele e lê um bilhete de uma garota, imagina que ele não irá saber; porém, no momento que ele chega da escola e entra na cozinha, está escrito em luzes piscantes na sua testa: "Será que é sério? Ela é uma boa menina? Será que eles já fizeram sexo? Será que eu deveria pedir ao pai dele que tivesse uma conversa com ele?" Não pense que ele não perceberá isso: está na sua cara. Ele não precisa ver as pistas óbvias que as mães às vezes deixam, como uma cama bem-arrumada e roupas dobradas. A intuição dos meninos é surpreendente.

> – UM MENINO DE 15 ANOS FOI ATACADO POR UM TUBARÃO, MAS NÃO CONTOU À MÃE.
>
> – ELA NÃO TERIA SE INTERESSADO?
>
> – NÃO, ELA TERIA SE INTERESSADO DEMAIS.
>
> NOTÍCIA DE RÁDIO
> 26 DE FEVEREIRO DE 2005

Várias mulheres comentaram comigo com alguma tristeza que os filhos não conversam mais com elas como costumavam fazer e que elas sentem falta da intimidade que tinham antes. Como parte da jornada da adolescência, um menino precisará se afastar tanto da mãe como das mulheres em geral enquanto concentra a cabeça nas mudanças que ocorrem em seu corpo e em sua vida. É inevitável, portanto, que haja alguma distância, alguma mudança na forma como ele se relaciona com você, mas o que o projeto me ensinou foi que ele se afasta mais do que precisaria devido ao nosso comportamento – de nosso excesso de zelo, de como continuamos andando atrás dele e fazendo perguntas até muito depois do momento de ter parado.

Acho que um dos papéis mais importantes das mães é lembrar continuamente os filhos adolescentes de que eles têm intuição. Pense na intuição como um músculo que você o está fazendo exercitar. Use declarações com "eu": "Eu não gosto quando você...", "Fico com medo quando você...". Deixe a intuição dele perceber a realidade do que você está dizendo. Não explicite tudo. Lembre-se de que ele não precisa de um sermão, apenas ser lembrado.

> – SE SUA MÃE PARASSE DE FAZER TANTAS PERGUNTAS, VOCÊ A PROCURARIA PARA CONTAR AS COISAS IMPORTANTES?
>
> – CLARO. É SÓ CONFIAR QUE EU ESTOU BEM E QUE PROCURAREI AJUDA SE PRECISAR. SILÊNCIO NÃO QUER DIZER PROBLEMAS.

Será a sua intuição que o manterá seguro, que o impedirá de tomar decisões estúpidas, e você pode ajudá-lo a desenvolvê-la. Isso é algo que eu acredito que você fará melhor que o pai. Ele está testando a própria intuição o tempo todo subconscientemente, perguntando a si mesmo se o que vê ou sente é real, se ele tem motivo para estar preocupado. Seu papel não é entrar, extrair esses sentimentos e defini-los; seu papel é definir os seus próprios sentimentos para que seu filho possa encontrar um lugar junto deles. Você é tremendamente importante para ele, e ele constrói o seu mundo com base na ideia de que você está ali presente. Só o que ele precisa é que você confie que ele sabe que você está ali e que se afaste um pouco para lhe dar o espaço de que ele necessita para pensar e respirar.

E, quando você se afastar, lembre-se disso, porque pode ser algo a que se agarrar nos momentos difíceis que virão, quando você mostra verdadeira coragem e deixa os homens cuidarem dos assuntos de homens: toda a informação que você conseguir pôr na cabeça dele antes que venham os 13 anos e a testosterona comece a fluir, cada pedacinho dela permanece ali e acabará ressurgindo. Confie em mim: nenhum dos valores e princípios que você se esforça para transmitir a ele será perdido; parecerão estar perdidos e você duvidará de sua competência como mãe, mas chegará o dia em que um bom homem estará de pé à sua frente e você se orgulhará disso.

Meu filho tem hoje 28 anos e trabalha como mecânico em uma mina no oeste da Austrália. Tornou-se um bom homem – às vezes acho que ele é assim apesar de mim, e não por causa de mim – e é maravilhoso. Nas conversas que tive com ele recentemente, ouvindo a sequência de informações que saíam de sua boca, constatei que nada do meu trabalho duro havia sido perdido: ele o absorveu e manteve. É o tipo de homem que desejei que fosse, o tipo de homem que ele sempre teve o potencial para ser. Sim, seu menino vai se afastar por um tempo, mas ele volta; ele sabe que você é sua mãe e sabe que está ali presente. Confie nesse processo, confie na sua intuição e na dele.

Sem dúvida, algumas mães envolvem-se excessivamente na vida dos filhos adolescentes. Seguem alguns exemplos disso.

Um aluno do 7º ano conta ao coordenador que não trouxe o lanche.

– Por que não?

– Porque minha mãe não o pôs na minha mochila.

– Eu ouvi direito?

– Bom, é o trabalho dela.

Alunos perto de um funcionário da escola, usando o telefone para ligar para casa e pedir à mãe que venha buscá-los.

– Como assim você não pode vir agora?

Mães que, de acordo com seus meninos, continuam a arrumar a cama e preparar o lanche para os filhos de 10º, 11º e 12º anos todos os dias.

Muitas mães com quem conversei reconheceram prontamente seu comportamento quanto a isso e muitas vezes demonstraram claro desejo de agir diferente, mas não tinham ideia de quando ou como começar. Enquanto se afligiam perguntando-se para onde seu menininho tinha ido e se iria reaparecer, confortavam-se com a ideia de que, enquanto preparassem um lanche bom e saudável para ele levar à escola, arrumassem sua cama e lavassem sua roupa, tudo correria bem.

Considerando sua preocupação de que o filho amado torne-se um adolescente quase irreconhecível e a sensação de impotência em relação às mudanças que ocorrem no corpo e na mente dele, é compreensível que muitas mães acabem na sala do diretor defendendo os filhos de supostas injustiças. Eu conheço o sentimento de "não posso mudar aquilo, mas posso mudar isto".

É difícil pensar em deixá-lo sentir as consequências de suas ações, porque quase sempre temos consciência de como elas podem ser graves. Como primeiro passo, caso seu filho já esteja no ensino médio e você continue preparando o lanche dele, eu poderia lhe pedir que pense seriamente em parar. Há uma razão para eu fazer esse pedido: isso é algo prático e tangível que você pode fazer para começar a deixá-lo conhecer a relação entre ato e consequência, algo que ele precisa aprender como parte da jornada para a vida adulta. Algumas de você vão pensar imediatamente: "Mas, se eu não preparar o lanche, ele não vai se alimentar saudavelmente e não vai ter um bom aproveitamento nas aulas da tarde." É aí que o pragmatismo masculino entra, em particular se houver comida envolvida.

Você precisa avisá-lo com antecedência: diga-lhe uma semana antes que não preparará o lanche na segunda-feira e que, a partir desse dia, isso será função dele. Ele não vai acreditar muito em você, vai achar que está brincando. Afinal, você é a mãe dele e sempre teve como missão assegurar que ele estivesse bem alimentado. Na segunda-feira de manhã, ele sai da cama para aquele trajeto cotidiano cuidadosamente calculado de seu quarto até a porta da escola e fica surpreso ao ver que o lanche não está sobre a mesa, onde costuma estar. Então, lá está ele, meio zangado porque o lanche não está pronto e agora atrasado para a escola por ter que prepará-lo. Ele está aborrecido, mas vai precisar de comida, então o que faz? Na hora do almoço, vai à cantina da escola e gasta o próprio dinheiro para se alimentar. Levará uns dois dias, pelos meus cálculos, para perceber que, primeiro, ele está gastando o próprio dinheiro em comida em vez de gastá-lo no fim de semana; e segundo, que não fica tão bem alimentado como quando traz a comida de casa.

E, assim, no terceiro dia, ele calcula dez minutos extras de manhã, sai da cama e prepara o lanche. Desde que você tenha a comida disponível na despensa, ele ficará bem.

Insisto nessa ideia porque ela é mesmo muito séria. Nós, mulheres, não estamos deixando nossos meninos aprenderem sobre atos e consequências, porque interferimos no processo. Algumas histórias interessantes surgiram no Projeto Bom Homem com relação a isso.

Telefones celulares não eram permitidos em sala de aula, mas um menino estava com o seu. O professor viu e o confiscou. O menino procurou-o no fim do período e pediu:

– Posso pegar meu celular de volta?

O professor respondeu:

– Hoje é terça-feira e você o terá de volta na sexta-feira. Essa é a regra.

O menino disse muito calmamente:

– Da última vez que você o tomou de mim, minha mãe ligou e você teve que devolvê-lo no mesmo dia.

– Ah, então não é a primeira vez? – indagou o professor. – Agora você ficará sem ele até segunda-feira.

Adivinhem quem telefonou naquela noite exigindo que o celular fosse devolvido imediatamente? As regras escolares aparentemente aplicavam-se aos outros meninos, exceto ao dela; a pergunta implícita era: "Por que ele tem que seguir realmente as regras?"

> O CÃO BLADE, DA POLÍCIA DE WELLINGTON, ESTÁ NOVAMENTE SENDO ACLAMADO COMO HERÓI DEPOIS DE RASTREAR TRÊS JOVENS POR DEZ QUILÔMETROS EM MEIO A MATAS E TERRAS CULTIVADAS.
>
> ... UM DOS JOVENS FOI ENCONTRADO NO ALTO DE UM PINHEIRO DE 6 METROS E SÓ DESCEU QUANDO LHE ASSEGURARAM QUE BLADE NÃO O MORDERIA. SOUBE-SE QUE ELE ESTAVA FALANDO COM SUA MÃE PELO CELULAR.
>
> DOMINION POST
> 30 DE JULHO DE 2004

Quando um professor estava saindo de carro da escola às 15h30, ele viu um menino de uniforme parado na calçada. O menino virou-se para o professor e, com expressão beligerante, levantou o dedo médio da mão direita. O professor abriu a janela e disse: "Sala do coordenador, 9 horas, amanhã." No dia seguinte, o menino chegou à escola levando uma carta da mãe: "Caro sr...., não acho que o senhor tenha o direito de querer corrigir o comportamento de meu filho quando ele estiver fora da escola. Eu disse a ele para não estar na sala do coordenador às 9 horas. Se quiser continuar esse assunto, pode falar comigo." O que ela acabara de ensinar ao filho? Que ele é o seu queridinho e que, com sua bênção, pode desrespeitar qualquer adulto que quiser que ela o protegerá das consequências.

Não estamos fazendo nenhum favor aos meninos quando agimos assim: para que eles tenham alguma chance de uma vida bem-sucedida e com qualidade, precisamos deixá-los sentir a relação entre atos e consequências. Vamos fazê-los perceber que, quando estão com fome, têm que fazer algo a respeito (você também estará fazendo um favor à mulher com quem ele viverá no futuro). Mas, mais que isso, vamos deixá-los sentir os resultados de suas decisões. Quando abrigamos nosso filho sob as asas, quando nos colocamos entre ele e a escola, tudo o que estamos de fato fazendo é desculpando seu comportamento reprovável e garantindo que ele permaneça um indivíduo autocentrado que terá para sempre dificuldade em aceitar a responsabilidade por si mesmo e pelas decisões que tomar.

Quero que a primeira decisão que ele tome não seja nada mais importante do que decidir sair da cama para arrumar o próprio lanche a fim de não passar o dia com fome. Não quero que a sua primeira decisão seja afundar o pé no acelerador, cruzar um sinal vermelho e morrer. Se não dermos aos nossos meninos a oportunidade de praticar a tomada de decisões, as primeiras que eles tomarem serão perigosas e potencialmente fatais: "Devo beber essa garrafa a mais de uísque? Devo experimentar essa droga que estão me oferecendo? Devo entrar naquele carro roubado? Devo tentar fugir dos guardas?"

Lembre-se de que ele é pragmático: enquanto você continuar fazendo – preparando o lanche, arrumando a cama, interferindo por ele junto à escola –, ele a vai deixar fazer. Mas, se você permitir que ele comece quando ainda é jovem, ele se acostumará a tomar decisões e compreenderá que tem que escolher levantar dez minutos mais cedo para preparar o lanche e não ficar com fome, escolher não se arriscar a perder o celular levando-o para a escola, escolher não experimentar aquela droga na festa porque quer estar no treino esportivo de terça-feira. Estou fazendo um pedido muito sério e o faço pelo bem de seu filho. Dê espaço. Ele a ama e você o ama, e ele sabe disso. Não é preciso preparar o lanche dele para provar que é uma boa mãe.

Eu falei no início deste capítulo sobre a necessidade de que as mães saiam da ponte da adolescência e que os pais entrem nela. Fiz esse comentário como uma mãe que passou muito tempo nessa ponte. Quando comecei a conversar com homens e mulheres sobre os diferentes papéis que desempenham na vida dos filhos, disse que as mulheres deveriam ficar totalmente fora da ponte. Conforme o projeto avançou e fui conversando com mais pais e mães, minha ideia modificou-se um pouco, ajudada, em alguma medida, pelo grupo de mães que, tendo sido

> MANUAL DE INSTRUÇÕES PARA MÃES
>
> 1. NÃO SE PREOCUPEM CONOSCO.
>
> 2. DEIXEM-NOS COMETER ERROS, FICAR COM FOME, FICAR ATRASADOS.
>
> 3. RELAXEM.
>
> ALUNO DO 7º ANO

questionadas sobre estarem na ponte, foram taxativas em afirmar que não tinham nenhuma intenção de sair de lá. Eu havia discutido a ideia da ponte com elas antes de deixá-las conversar entre si enquanto saía para falar com seus maridos e companheiros. Quando voltei à sala, fui logo informada de que, na minha ausência, elas tinham votado e a opinião majoritária era de que continuariam na ponte. "Certo", respondi, "você podem ficar. Vou construir para vocês uma pista acessória. Mas, por favor, pelo bem de seus filhos, parem de ficar sentadas no meio da pista. Vocês estão atrapalhando o tráfego."

Nas conversas que continuamos a ter sobre o papel das mães, Salvi Gargiulo e eu concordamos que, se você sentir que não pode sair totalmente da ponte, precisa fazer algo de bom ali e dar uma contribuição positiva. O conselho que Salvi lhe faz é: "Apenas solte a mão dele... por favor."

- As mães, em particular as mães brancas de classe média, envolvem-se excessivamente na vida dos filhos adolescentes.

- Parecia existir uma possibilidade muito real de que meu filho se matasse acidentalmente ou, talvez mais provável, de que eu o matasse por puro desespero.

- O papel dos homens nesse ponto da vida dos meninos é guiá-los pela adolescência. O papel das mulheres é ficar de lado.

- No contexto de tudo o mais que acontece na vida de um menino adolescente, que importância tem se de fato há roupas jogadas na cama extra em seu quarto?

- Como parte da jornada pela adolescência, um menino precisará se afastar tanto da mãe como das mulheres em geral enquanto concentra a cabeça nas mudanças que ocorrem em seu corpo e em sua vida.

- Será sua intuição que o manterá seguro, o impedirá de tomar decisões estúpidas, e você pode ajudá-lo a desenvolvê-la.

- Toda a informação que você conseguir pôr na cabeça dele antes que venham os 13 anos e a testosterona comece a fluir permanece ali e acabará ressurgindo.

- Se seu filho já está no ensino médio e você continua preparando o lanche dele, por favor, pense seriamente em parar.

- Nós, mulheres, não estamos deixando nossos meninos aprenderem sobre atos e consequências, porque interferimos no processo. Precisamos parar, para que eles tenham a chance de conquistar uma vida bem-sucedida e agradável.

- A primeira decisão que ele toma não deve ser nada mais importante do que sair da cama mais cedo para preparar o próprio lanche a fim de não passar o dia com fome. Não deve ser e não precisa ser decidir afundar o pé no acelerador, cruzar um sinal vermelho e morrer.

CAPÍTULO 9

Quando o pai não está presente: a jornada da mãe solteira

Para várias mulheres que leem este livro, aquelas que estão criando os filhos sem a contribuição direta do pai dos meninos, o capítulo anterior não terá sido de muita ajuda. Você estará pensando: "É muito cômodo dizer que as mulheres têm que se afastar da ponte da adolescência e dar espaço para os homens avançarem e participarem mais, mas e se o pai não estiver lá? E aí?"

Há um número significativo de mulheres criando os filhos sem o apoio direto e contínuo do pai e outro número similar delas que provavelmente está criando os filhos com a ajuda de outro homem que, querendo ou não, assume o papel de pai adotivo. Neste último caso, há um potencial infinito de conflito e falarei sobre alguns dos problemas no próximo capítulo. Por enquanto, quero me concentrar no que as mulheres que criam os filhos sozinhas poderiam fazer para tornar a jornada pela ponte da adolescência um pouco mais fácil – para os meninos e para si mesmas.

A simples realidade para um menino adolescente, que muitas mães relutam em aceitar, é que ele precisa saber quem é seu pai, que tipo de homem ele é – ou foi, se tiver morrido. Vi muitas mulheres enfrentarem o fato de que o homem que um dia elas amaram o bastante para ter com ele esse filho era agora considerado por elas uma criatura pouco desejável, um deficiente emocional ou um idiota (ou uma combinação dos três); e a última coisa que elas querem é que o filho tenha contato com ele e arrisque-se a se tornar o mesmo tipo de homem. Há também as mulheres que nunca estiveram apaixonadas pelo pai de seu filho, que lamentam ter tido contato físico com ele, mas não lamentam o resultado disso. E há as mulheres que não sabem como explicar para o filho que seu pai está na cadeia por homicídio, por tráfico de drogas ou por molestar crianças.

Esse é mais um caso em que as decisões sobre como proceder precisam ser baseadas em nosso conhecimento do pragmatismo e da intuição dos meninos adolescentes, e não em nossa perspectiva feminina.

Ele é pragmático: quer saber os fatos, quer saber de quem é o sangue que corre em suas veias. Uma maneira de pensar nisso é que, tendo atingido o ponto em que tenta assumir algum controle de sua vida, se ele passou boa parte ou toda a sua existência longe do pai, seus primeiros passos serão tentar juntar as peças. Como eu vim parar aqui? Meus pais algum dia se amaram? Quem é de fato o meu pai? Eu sou importante para ele? Eu sou como ele agora? Serei como ele no futuro? Eu quero ser como ele? Essas são as perguntas que começarão a surgir na cabeça dele, mesmo que não consiga articulá-las. Você, a mãe, não precisa ficar verificando toda hora com ele se as perguntas já estão lá; ele deixará claro, com frequência de maneiras bastante indiretas, quando elas começarem a se formar. Sua tarefa é estar pronta quando elas chegarem e mostrar coragem para responder à necessidade que ele tem de saber.

Não acredito que exista um momento marcado para isso acontecer. Meu filho tinha 11 anos quando voltou muito angustiado de umas férias com o pai no oeste da Austrália. A causa da angústia era o conflito que sentia, porque tinha chegado a um ponto em que desejava conhecer melhor o pai, mas não queria me magoar. Depois de alguma conversa, ofereci-lhe a oportunidade de morar com o pai na Austrália por um ano. Foi sem dúvida uma das decisões mais difíceis que já tomei na vida, mas eu sabia então, e sei ainda mais agora, que era a decisão certa. Ele foi cursar o último ano do ensino fundamental no deserto australiano e não foi fácil nem para ele nem para mim. Desconfio que não foram poucas as noites em que ele chorou até dormir, e eu tive um rasgo permanente no coração enquanto ele esteve longe, mas foi uma escolha que ele fez, e que era plenamente capaz de fazer, mesmo aos 11 anos de idade.

Ele encarou as consequências de sua escolha e, tenho certeza, viveu muitos momentos de alegria, apesar das dificuldades. Voltou com uma noção muito mais clara de si mesmo e do pai, algo que acredito ter feito diferença significativa no que ele é agora. Não soube, e ainda não sei, muito do que aconteceu naquele ano, e nem preciso saber. Foi assunto de homens. Sabia que ele estava seguro, tinha confiança suficiente no pai dele para saber disso, e era tudo que eu precisava saber. Entendo que nem todas as mães que criam filhos sozinhas podem ter certeza disso e que outras sabem que o filho certamente não estaria seguro em circunstâncias similares. Há algo que eu perguntaria em prol dos meninos criados pela mãe: é mesmo a preocupação com a segurança deles que a impede de deixá-los passar algum tempo com o pai ou esse é um manto atrás do qual você se esconde por outras razões? Quaisquer que sejam nossos problemas com o pai de nossos filhos, qualquer que seja a justificativa que tenhamos para nossa mágoa, raiva ou dor, precisamos lembrar que isso são problemas nossos, nossos sentimentos, não de nossos filhos. Eles devem ter a oportunidade de formar a própria opinião e precisamos confiar na capacidade deles para fazer isso.

Como não me canso de dizer, seu filho é pragmático. Preocupamo-nos com o que vai acontecer quando ele souber que o pai não ficou por perto muito tempo depois do momento da concepção, que ele está na prisão por estupro ou homicídio, ou que morreu em um acidente de carro enquanto dirigia embriagado, matando outra pessoa. Achamos que ele ficará traumatizado e que isso lhe causará um dano imenso, portanto nos esforçamos para evitar que ele saiba, dizendo a nós mesmas que estamos fazendo isso pelo bem dele. Acredito que a melhor maneira de ver essa questão, à luz do extremo pragmatismo que ele revela quando começa a jornada da adolescência, é pensar nisso como o equivalente a uma experiência científica. Nesse estágio, ele não está querendo examinar as questões mais profundas; chegará a isso no devido tempo e quando tiver a maturidade e a sabedoria para refletir sobre as implicações mais amplas do conhecimento que agora tem sobre o pai. Ele simplesmente buscará a verdade até ter certeza de que aquela é mesmo a verdade e não apenas a sua versão da verdade e, então, voltará para o jogo que estava jogando.

Não acredito que ele lhe fará perguntas até estar pronto para lidar com as respostas e acho que, devido ao seu alto grau de intuição, ele até já sabe as respostas da maioria das perguntas que pode estar querendo fazer. Ao fazê-las, ele não está tanto buscando respostas, mas confirmações de onde se interceptam o mundo em que ele viveu até o presente, o mundo de sua mãe, e o mundo de seu pai. Está começando a explorar as implicações práticas do fato de ter sido criado pela mãe longe do pai e apenas quer respostas, respostas diretas. Não estou nem por um momento sugerindo que isso seja fácil; não é. Sugiro apenas que não precisa ser tão difícil quanto algumas mães parecem supor que seja, com frequência por causa dos próprios sentimentos e muitas vezes com sérias consequências para os filhos.

> SE ELE NÃO OBTIVER A INFORMAÇÃO DE QUE NECESSITA PARA COMEÇAR A JUNTAR AS PEÇAS DE SUA VIDA, CONTINUARÁ PROCURANDO, E CHEGARÁ AOS 55 ANOS COM UMA COLEÇÃO DE RELACIONAMENTOS DESFEITOS.

Se ele não obtiver a informação de que necessita para começar a juntar as peças de sua vida, continuará procurando, e chegará aos 55 anos com uma coleção de relacionamentos desfeitos e sem ter a mínima ideia de que o problema real era saber se seu pai o amava ou não. Nós, mulheres, precisamos entender que a resposta a essa pergunta não é o problema essencial – o problema é não saber. É o não saber que o transformará em um homem mal-humorado, que usa as pessoas para seus próprios fins, sem nunca entender ao certo o que o fez se sentir tão vazio por dentro e o tornou tão incapaz de manter relacionamentos íntimos. Com o tempo, o seu pragmatismo natural e profundamente arraigado possibilitará que ele trabalhe com os possíveis problemas causados pela resposta, mas, até que ele saiba essa resposta, não conseguirá seguir em frente.

A outra coisa a lembrar é a intuição de seu filho. Isso pode dar algum conforto para aquelas de vocês que se preocupam que ele talvez não veja como o pai é um caso perdido – se isso for mesmo verdade. O tempo passado com o pai permitirá que ele reflita por si; ele não precisa de sua ajuda nisso. É bem possível que ele chegue a conclusões sobre o pai que combinem inteiramente com a sua opinião, mas, quer vocês acabem ou não com a mesma percepção, é preciso deixá-lo descobrir por si mesmo. Essa é a jornada dele, não a sua. Você conheceu o pai dele como um parceiro sexual; ele o conhece como pai.

Se o pai já tiver morrido, é bom que ele ouça conversas em que o nome do pai seja mencionado, conversas com você e com outros que lhe permitam ter uma ideia de quem seu pai era, bom ou ruim. Se o pai tiver morrido em um acidente de carro ao dirigir bêbado, provocando a morte de outras pessoas, ele precisa que esses fatos lhe sejam contados da maneira mais neutra possível... quando ele perguntar. Também nesse caso, ele não buscará informações enquanto não estiver pronto para lidar com as possíveis respostas, que ele, na verdade, já sabe em algum nível. Quando você lhe der uma resposta a uma pergunta, sua inclinação pode ser continuar falando para tentar aproveitar o momento, mas ele pode muito bem reagir voltando para o jogo no computador ou saindo para encestar umas bolas. Lembre-se de que ele precisa de tempo para pensar, portanto deixe-o à vontade. Deixe-o determinar o ritmo com que avança pelo processo.

Quer queira quer não, você, como mãe dele, é responsável por informá-lo sobre o pai, o homem com quem você o concebeu. E é incrivelmente importante que o faça quando ele estiver pronto para receber a informação; que o deixe determinar o ritmo com que absorve as respostas; que lhe dê respostas diretas sempre que possível e, quando não for possível devido à sua experiência com o pai dele, que seja honesta ao identificar a parcialidade de que não tem como se livrar; e que, a menos que tenha certeza de que ele não estará seguro nas mãos do pai, permaneça aberta à ideia de que um tempo passado na companhia do pai é um dos fatores fundamentais para ajudá-lo a cruzar a ponte da adolescência em segurança e crescer de um lindo menino para um bom homem.

Muitos meninos criados pela mãe vivem em um ambiente dominado por mulheres. Sua casa não contém homens; seus professores são predominantemente mulheres; e seu mundo social é pouco provido de influência masculina. Ao longo do projeto, muitas vezes mães que criavam os filhos sozinhas me perguntaram o que eu achava que elas deveriam fazer na ausência de bons modelos masculinos para garantir que os filhos fossem expostos ao que significa ser homem e encorajados a tentar se sair bem naquilo que lhes interessasse. Depois de refletir sobre o assunto, tive a ideia a seguir. Talvez você queira incluir seu filho na atividade que vou sugerir, ou talvez prefira fazê-la sozinha para ter uma noção de quantos homens na verdade há, ou não, na vida dele.

Sente-se com papel e lápis. No meio do papel, desenhe um X; este é seu filho. Em torno do X, desenhe três círculos concêntricos. No primeiro círculo, escreva os nomes dos homens que seu filho encontra regularmente, ou seja, pelo menos uma vez por semana. No círculo seguinte, coloque os nomes dos homens que ele encontra com menos frequência, cerca de uma vez por mês. No terceiro círculo, escreva os nomes dos homens que ele encontra apenas ocasionalmente. Agora, trace uma linha entre os vários homens e o X. Se a relação for forte, desenhe uma linha escura e sólida; se for uma conexão razoável, use uma linha mais fina; e se for uma relação tênue, faça uma linha tracejada. Agora, identifique onde se encaixa o nome do pai dele. Se o pai estiver morto, ainda assim inclua o nome no círculo que parecer apropriado, mas, em vez de desenhar uma linha do nome do pai até o X, trace a linha até o nome do homem mais capaz de produzir em seu filho uma sensação paterna. Pelas razões que expliquei antes, é fundamental que o nome do pai dele esteja presente.

Sua tarefa, agora, como mãe sozinha, é identificar quais relações podem ser úteis para ajudar seu filho a cruzar a ponte da adolescência e, então, pensar em como essas relações poderiam ser fortalecidas ou mantidas no nível atual. Isso não requer que você se envolva na relação, apenas que esteja ciente dela e a apoie como puder. Por exemplo, talvez ele tenha uma boa relação com um dos tios, com o avô materno e/ou com o avô paterno. Se for assim, você poderia pedir a seu pai para sair algumas horas com o neto, só os dois, a cada duas semanas, e fazerem alguma coisa juntos, como irem pescar. Poderia pensar em pedir a seu irmão, ou ao avô paterno de seu filho, para irem assistir ao jogo de rúgbi dele nos fins de semana durante o inverno.

> HÁ, NA VERDADE, MAIS HOMENS NA VIDA DE NOSSO FILHO DO QUE NOS DAMOS CONTA.

Pode ser que seu filho tenha feito amizade com um rapaz da vizinhança e sempre pare para conversar com ele quando o vê na rua mexendo no carro. Você poderia dizer um "oi" para o rapaz na próxima vez que o encontrar, identificar-se como a mãe de seu filho e, assim, dar ao contato alguma legitimidade, em vez de deixar o rapaz mais velho pensar que isso é algo que seu filho faz sem seu conhecimento ou aprovação.

Não estou falando de formalizar os contatos que seu filho tem com homens mais velhos; não são as relações formais que fazem diferença de fato. São os contatos informais que acontecem ao longo de um dia comum que contam mais: as conversas de dez minutos que ocorrem entre as outras atividades da vida.

É por isso que insisto para que as mães solteiras de meninos que se aproximam da adolescência façam um exercício como este: há, na verdade, mais homens na vida de nosso filho do que nos damos conta e a consciência disso nos oferece a oportunidade de conferir esse fato. É importante que aumentemos o número de professores homens nas escolas primárias, e também nas pré-escolas; também é possível, em alguns locais, solicitar que seu filho seja colocado em uma classe só de meninos na escola ou escolher matriculá-lo em uma escola masculina. Outra peça do quebra-cabeça, porém, é estar tão ciente quanto possível dos recursos que você tem à disposição em termos dos homens já presentes na vida de seu filho.

Se eu tivesse virado a cabeça para os lados quando me aproximei da ponte da adolescência com meu filho, teria notado nas proximidades alguns homens muito bons, amigos meus. Não tenho dúvida de que, se eu lhes tivesse pedido, teriam prazer em passar algum tempo na ponte com meu filho. Por que não pedi? Porque eu não entendia que podia fazer isso; achava que pedir ajuda seria admitir o fracasso em criar meu próprio filho. Eu escolhera tê-lo, eu escolhera sair do casamento; agora era meu trabalho fazê-lo transpor a ponte em segurança. Esses eram os pensamentos que passavam por minha cabeça. Percebo, agora, com o benefício da visão retrospectiva e de uma nova consciência depois de ter participado do Projeto Bom Homem, que ter pedido ajuda a esses bons homens teria facilitado a travessia da ponte tanto para meu filho como para mim. Talvez mais importante ainda, teria permitido que eu me divertisse mais na ponte com ele.

- Muitas mulheres acham difícil aceitar isso, mas um menino adolescente precisa saber quem é seu pai, que tipo de homem ele é – ou foi.

- Por enquanto, ele só quer saber os fatos e, quando os receber, lidará com eles como informações objetivas.

- Se ele não obtiver a informação de que precisa para começar a juntar as peças de sua vida, continuará procurando, e chegará aos 55 anos com uma coleção de relacionamentos desfeitos e sem ter a mínima ideia de que o problema real era saber se seu pai o amava ou não.

- Essa é a jornada dele, não a sua. Você conheceu o pai dele como um parceiro sexual; ele o conhece como pai.

- Sua tarefa como mãe sozinha é identificar quais relações masculinas podem ser úteis para ajudar seu filho a cruzar a ponte da adolescência e, então, pensar em como essas relações podem ser fortalecidas ou mantidas no nível atual.

- Eu achava que pedir ajuda seria admitir o fracasso em criar meu próprio filho. Pedir ajuda a bons homens teria tornado a travessia mais fácil.

CAPÍTULO 10

Assunto de homens: deixando acontecer

Como o título do capítulo dedicado às mães de meninos adolescentes inclui as palavras "o que as mães devem fazer", não seria fora de propósito esperar que o título deste capítulo, escrito com os pais em mente, incluísse a expressão "o que os pais devem fazer". Há uma razão simples para não ser assim: não tenho absolutamente nenhuma intenção de dizer aos homens o que fazer. Acho que isso já aconteceu demais e, de onde observo, não parece haver sinal de trégua na tendência atual de as mulheres dizerem aos homens não só o que fazer, mas como fazer. Eu sou mulher. Minha experiência de vida, que inclui criar um filho sozinha e participar do Projeto Bom Homem, dá uma certa legitimidade a sugestões que eu possa oferecer a outras mulheres que estejam batalhando, como eu fiz, para criar filhos adolescentes. Essa é a razão, a única razão, na verdade, pela qual concordei em escrever este livro.

Tudo de que eu de fato precisava nos piores momentos da jornada pela ponte da adolescência com meu filho, momentos em que sentia que havia a possibilidade real de perdê-lo, era que outra mulher olhasse para mim e dissesse: "Ele ficará bem." Escrevi este livro para que outras mulheres que estejam agora nessa posição possam ouvir essas palavras em alto e bom som e, assim, consigam relaxar e desfrutar a jornada.

Portanto, se não vou dizer aos homens o que fazer, o que pretendo neste capítulo? Várias coisas. Vou retomar as razões para minha participação em um projeto voltado a examinar a definição de um bom homem no século 21, mesmo sendo mulher e acreditando que isso seja, em grande medida, um assunto de homens; vou contar mais algumas histórias sobre como o mundo se parece aos olhos dos homens, em particular o mundo das mulheres; e vou compartilhar o que me era dito pelos meninos que conheci sempre que surgia o assunto dos pais ou padrastos. Alguns dos comentários dos meninos a esse respeito foram extremamente argutos e acho que merecem ser ouvidos. Minha principal intenção ao me aventurar pelo mundo dos pais, ainda que este livro esteja sendo escrito essencialmente para as mães, é demonstrar respeito pelos homens – seu humor, sua intuição, sua força e, acima de tudo, sua masculinidade.

> ACREDITO QUE OS HOMENS SÃO MUITO SUBESTIMADOS HOJE EM DIA.

Acredito que os homens são muito subestimados hoje em dia. Fico triste ao ver que as vozes dos homens não são ouvidas tão claramente quanto deveriam ou poderiam ser e que parece aceitável fazer piada com eles. Como já mencionei, considero-me uma feminista, fui a primeira mulher na Nova Zelândia a trabalhar como agente penitenciária em uma prisão masculina e sei agir de igual para igual. É possível se divertir muito em conversas com homens sobre qual gênero é melhor nisso ou naquilo. Mas, se eu mudar um pouco minha perspectiva de um debate intelectual ou discussão com um de meus contemporâneos homens para o mundo em que meu neto ainda não concebido pode vir a entrar, sinto alguma preocupação com o modo como os homens são percebidos.

Recentemente, uma loja na Nova Zelândia estava vendendo mercadorias voltadas ao mercado de mulheres jovens. Havia bolsas com a inscrição "Feita na fábrica da estupidez, onde os meninos são feitos" e sapatilhas com "Garotos são estúpidos, joguem pedras neles". Enquanto pensava na inadequação daquilo e em como eu me sentiria se tivesse um neto com idade suficiente para ler essas coisas, percebia também o silêncio sobre a questão, sabendo que, se o inverso tivesse acontecido – bolsas chamando as garotas de estúpidas, sapatilhas conclamando os garotos a jogar pedras nelas –, um furor na mídia seria praticamente certo. É muito provável que, em tal circunstância, o governo fosse chamado a comentar, e o teria feito de bom grado, e porta-vozes dos direitos das mulheres traçariam paralelos e conexões com as taxas de incidência de violência doméstica.

Quando homens preocupados levaram o assunto à atenção dos meios de comunicação, de início a reação foi pouca, mas, felizmente, algum tempo depois, a linha de produtos acabou sendo retirada da loja. Na sequência do debate, dei algumas entrevistas no rádio e fui surpreendida pela entrevistadora, que afirmou que, em sua opinião, era tudo só uma brincadeira e que eu parecia ter perdido o senso de humor. Talvez eu tenha mesmo, pelo menos em relação a esse tópico. Quando penso nos jovens que põem fim à vida porque não conseguem entender o seu lugar no mundo ou porque se sentem incapazes de lidar com a rejeição das garotas; quando jovens bonitos, articulados e inteligentes me dizem com absoluta sinceridade que acreditam ter saído do útero de sua mãe mais burros do que as meninas, ou que acham que nem adianta competir com uma menina porque ela vai ganhar mesmo; quando vejo a resignação no rosto dos jovens que estão cansados de ser retratados negativamente nos meios de comunicação e de ser observados com desconfiança por vendedores que já pressupõem que eles vão causar problemas apenas por serem meninos adolescentes – então acho difícil encontrar o humor em um par de sapatilhas que diz que os garotos são estúpidos e merecem que joguemos pedras neles.

Foi o tempo que passei em prisões masculinas, a experiência como mãe sozinha de um menino adolescente e a percepção do crescente deslocamento social dos homens que estiveram na base de minhas conversas iniciais com Salvi Gargiulo sobre o mundo das escolas masculinas que me levaram a considerar a participação no Projeto Bom Homem. Já comentei o potencial de conflito inerente à situação de uma mulher andar por escolas masculinas discutindo o conceito de bom homem e possíveis ritos de passagem masculinos eficazes e legítimos. Mas decidi que minha experiência poderia representar uma vantagem. Os diretores concordaram que as lentes pelas quais eu olharia me permitiriam ver o que eles não veem, não por não estarem presentes, mas porque há detalhes aos quais os homens não prestam atenção.

Não acho que os homens saibam necessariamente como são intuitivos ou como essa intuição se manifesta em sua vida cotidiana, ou que saberiam explicar com facilidade como se comunicam entre si tão eficaz e silenciosa. Mas é isso que fazem. Sempre fizeram isso e continuarão a fazer e, em grande medida, não há necessidade de explicação. São as mulheres que precisam da explicação, que precisam saber que essa comunicação masculina está acontecendo embora elas não possam vê-la. Em muitos aspectos, isso resume o projeto e por que resolvi participar dele.

E há outro motivo, um tanto lamentável, para que os diretores e eu tenhamos decidido que fazia sentido ter uma mulher envolvida no projeto: a questão do que o mundo atual considera aceitável ou inaceitável que um homem diga. Os meios de comunicação procuraram a mim, uma mulher, para dar uma opinião sobre a adequação ou não daquelas sapatilhas, sugerindo que a legitimidade das preocupações a esse respeito dependia de uma análise feminina. Antes de eu ser questionada pela falta de senso de humor, as discussões de que eu havia participado sobre o tema sugeriam uma visão amplamente aceita de que os homens deveriam simplesmente deixar isso de lado e não ser tão sensíveis.

Parece-me que há uma tendência na sociedade atual a considerar que as opiniões expressas por mulheres estão certas até que se provem erradas e que as expressas por homens estão erradas até que se provem certas. Não acho isso bom e interessei-me em participar do Projeto Bom Homem em parte para provar que essa noção estava errada. Infelizmente, o projeto não amenizou isso; na verdade, somou um peso considerável à minha impressão de que a situação é exatamente essa. Como resultado, o projeto e este livro acabaram focando-se em tentar fazer com que as mulheres dessem um passo para trás ao se aproximarem da ponte da adolescência com seus filhos e abrissem espaço para os pais avançarem; ficassem em silêncio às vezes e observassem as conversas que de fato ocorrem entre homens e meninos; enxergassem a beleza e a força inerentes aos homens quando eles têm a chance de serem eles mesmos e não o tipo de homens que julgamos querer que eles sejam.

É por isso que a participação de uma mulher no Projeto Bom Homem mostrou-se uma boa ideia. Você imaginaria por um instante que seria aceitável um homem dizer isso que estou dizendo? Qualquer homem que o fizesse sem dúvida seria aconselhado a parar de ser tão sensível, melhorar seu senso de humor e dar-se conta de que ainda não escapou da culpa pelos pecados cometidos pelos homens no passado.

Enquanto escrevo isto, lembro-me de um comentário feito por um homem em uma reunião para pais e filhos realizada recentemente em uma escola secundária. Eu falava da satisfação que poderia resultar quando os pais se envolviam mais na vida dos filhos e quando as mulheres davam um passo atrás e deixavam os homens interagirem com os filhos da maneira que considerassem melhor, inclusive em questões de disciplina. Deixei claro que esse processo envolvia dizer firmemente às mulheres para cair fora, algo que eu já vinha fazendo e estava incentivando os homens presentes a tentar fazer também, pelo bem dos filhos e deles mesmos. Nesse ponto da conversa, um pai olhou para mim e disse, de maneira deliciosamente lacônica:

– Boa ideia. E você tem alguma sugestão de como lidar com os três meses de cara feia que virão depois de eu dizer a ela para cair fora?

O barulho na sala nesse momento mostrou que quase todos os homens presentes estavam pensando o mesmo. Eu não pude oferecer a ele nenhum conselho sobre como lidar com as consequências, mas prometi que continuaria a dar o melhor de mim para fazer as mulheres entenderem os benefícios de abrir espaço. Minha esperança era de que, se elas ouvissem a mensagem primeiro de mim, que também sou uma mulher, haveria menos cara feia para eles enfrentarem.

Quanto aos problemas que os homens têm que enfrentar quando tentam assumir um papel maior na vida dos filhos, lembro-me dos comentários feitos por um grupo de homens quando estávamos discutindo o conceito de uma ponte da adolescência. (À medida que as imagens associadas à ponte foram se desenvolvendo ao longo do projeto, houve muitos momentos divertidos.) Um homem me disse:

– Gosto da ideia de estar na ponte da adolescência com meu filho, mas posso lhe perguntar onde minha mulher ficaria?

O conceito da ponte era ainda relativamente novo para mim nesse estágio, então respondi:

– Bom, acho que eu gostaria de vê-la andando ao lado da ponte, com o objetivo de encontrá-los do outro lado.

– Ah, isso não ia dar certo – disse ele. – Ela ia ficar na lateral gritando instruções.

Nesse ponto, o homem sentado ao lado dele comentou:

– É, a minha seria o troll embaixo da ponte!

> – BOM, ACHO QUE EU GOSTARIA DE VÊ-LA ANDANDO AO LADO DA PONTE, COM O OBJETIVO DE ENCONTRÁ-LOS DO OUTRO LADO.
>
> – AH, ISSO NÃO IA DAR CERTO. ELA IA FICAR NA LATERAL GRITANDO INSTRUÇÕES.

Não estou sugerindo que não haja problemas com os homens e seu comportamento; há, e alguns são sérios. Os homens precisam parar de agredir as esposas e de matar os filhos e enteados; os homens precisam confrontar outros homens que vendem drogas para crianças, que pegam o dinheiro que deveria alimentar os filhos para alimentar o vício de álcool, drogas ou jogo; os homens precisam estar mais presentes como pais. Mas, apesar disso, também é verdade que poucos homens estão envolvidos nesse tipo de problemas, poucos homens estão sendo menos do que poderiam. Há uma quantidade muito maior de homens bons por aí, e eu conheci muitos deles ao longo do projeto esforçando-se para fazer o melhor por suas famílias, e é neles que penso ao insistir que repensemos o caminho para onde nos levou nosso entusiasmo para provar que garotas "podem fazer qualquer coisa". Meninas e mulheres certamente são capazes de fazer qualquer coisa, mas não tudo; várias vezes durante o projeto, achei que nós, mulheres, muitas vezes confundimos os dois. Penso no comentário de um dos homens que conheci: "O que a maioria dos homens quer fazer é oferecer algo que tenha valor e significado para as mulheres à sua volta." Acho que ele está totalmente certo.

É importante lembrar que jamais seria eu a pessoa a decidir sobre a definição adequada de um bom homem no século 21; minha definição não importa. Eu procurei a opinião de homens e meninos sobre o que caracteriza um bom homem e são essas opiniões que estou expondo para discussão. Não importa para ninguém a não ser para mim o que eu acho que constitui um bom homem e também não importa o que as mulheres em geral pensam. O importante é o que os homens acreditam que seja um bom homem: sua capacidade de definir isso; sua capacidade de viver isso; e sua capacidade de comunicar isso aos meninos que caminham para a vida adulta.

Quero fazer uma pausa neste ponto e explicar algo às mulheres que eu acho que será útil em suas interações cotidianas com os homens. É algo que os homens sabem e nem discutem, mas de que nós, mulheres, não fazemos muita ideia. É o conceito da pergunta "opa".

Minha consciência disso começou quando perguntei a um grupo de meninos de 9º ano:

– E quando uma menina pergunta como vocês se sentem?

O menino logo à minha frente fez uma careta e disse:

– Eu não entendo essa pergunta.

O garoto atrás dele, que tinha 15 anos e aparentava bastante maturidade, comentou:

– Ah, eu entendo, mas pode ter certeza de que não vou responder.

– Por que não? Se você estiver bravo, por que não diria a ela que está bravo?

– Não, de jeito nenhum. Ela vai querer saber por que estou bravo e vai ficar fazendo perguntas sem parar, até chegar uma hora em que vou responder a coisa errada e, aí, ferrou tudo!

Eu não podia acreditar em meus ouvidos. De onde eles estavam tirando aquilo? Esses meninos tinham apenas 15 anos e, no entanto, já traziam essa visão profundamente arraigada de mulheres querendo informações demais e, depois, "ferrando" com eles.

Imaginando que talvez eu tivesse pego uma classe de meninos metidos a espertinhos, resolvi pesquisar melhor. Fui para a sala do corpo docente da escola, encontrei um professor e comentei com ele o que tinha acabado de ouvir. Ele me escutou sem demonstrar nenhuma surpresa, concordou com a cabeça e disse:

– Isso mesmo, ele está certo. Essa é uma pergunta "opa".

Quando perguntei o que seria exatamente isso, obtive esta resposta:

– É uma daquelas perguntas que, quando sua companheira a faz, todo o seu corpo diz "opa". Nesse momento, o relacionamento inteiro está ameaçado.

Esse homem parecia inteligente, articulado, emocionalmente bem informado, então perguntei:

– Você é casado?

– Sou.

– Há quanto tempo?

– Vinte anos.

– E considera que é um bom casamento?

– Sim.

– Então eu só quero entender: você é casado há 20 anos, tem um bom casamento, ela lhe pergunta como você se sente e todo o relacionamento fica ameaçado?

– Sim. – ele ficou me olhando por um instante, depois sorriu e acrescentou: – Sei que isso não é lógico, só estou contando como é. Quando minha mulher me faz uma pergunta desse tipo, tenho que parar, pensar que ela só quer saber como eu me sinto e, então, voltar à conversa.

(E, obviamente, ser cuidadoso com a resposta!)

Tive outras conversas com vários homens a esse respeito e isso se mostrou uma realidade consensual. Há, aparentemente, todo um domínio de perguntas "opa" nos canais de comunicação entre homens e mulheres, em especial em seus relacionamentos íntimos. Entre elas estão: "Eu pareço muito gorda neste jeans?", "Será que minha mãe deveria vir morar conosco?", "Com qual família vamos passar o Natal este ano?"; e, em um sábado: "O que você quer fazer hoje?"

Nós, mulheres, precisamos entender que, de modo geral, quando fazemos aos homens uma pergunta "opa", ele não vai buscar a resposta dentro de si. Não vai dizer o que pensa. Ele vê umas 300 palavras circulando pela cabeça e seu trabalho naquele momento é escolher a que lhe causará menos problemas.

Já falei sobre a situação em que o casal é chamado para conversar sobre o filho com o diretor e só a mãe fala. O pai obviamente tem algo a dizer, mas não consegue porque a mãe não para de falar tempo suficiente para que ele organize os pensamentos. Quando apresentei essa questão a um grupo de homens, eles explicaram que não falam porque têm receio de atrapalhar.

Não é legal que as mulheres estejam interferindo dessa maneira, querendo saber tudo que acontece, dirigindo todos os aspectos da existência dos filhos. É hora de deixar os pais participarem da vida dos meninos, e os pais têm que decidir se estão dispostos a assumir esse papel. Essa é uma decisão que apenas você, o pai, pode tomar, mas o que eu posso fazer é lhe dizer, em nome de seu filho, que, primeiro, ele quer que você participe, que empurre (metaforicamente) a mãe para o lado se for preciso para poder entrar; e, segundo, ele não quer que você seja outra pessoa, algo mais perto do super-homem do que você já é; quer apenas que você seja o pai dele.

Sempre que eu perguntava a grupos de meninos "Quantos de vocês querem ser como seu pai quando crescerem?", inicialmente poucas mãos se levantavam. Acabei percebendo que era o pragmatismo em ação novamente; quando eu indagava "Por que não?", eles respondiam: "Porque ele é careca" ou "Porque ele é encanador." "Não", eu explicava, "não me refiro ao que ele faz como profissão ou à aparência dele, mas ao tipo de pessoa que ele é. Então, quantos de vocês querem ser como seu pai?" Mais algumas mãos se levantavam, mas não muitas.

Decidi reformular a pergunta: "Digam algo que vocês mudariam em seu pai se pudessem". Repetidas vezes ouvi a resposta: "Eu o faria *voltar* a ter senso de humor." Não era "Eu o faria ter senso de humor", mas "Eu o faria voltar a ter senso de humor". Parece-me – olhando para o mundo dos homens por uma perspectiva feminina – que você é ótimo com seus filhos pequenos: rola no chão com eles, brinca de luta, diverte-se muito. E, então, chega o momento em que você não consegue mais levantar do chão se ele não deixar e, nesse instante, um pequeno interruptor é acionado no fundo do cérebro masculino e você diz a si mesmo: "Eu preciso agir direito como pai agora."

Então você se levanta pronto e disposto a agir direito como pai e, enquanto isso, seu filho olha em volta e pensa: "Para onde será que foi o meu pai, porque esse velho mal-humorado certamente não é ele." Um menino expressou isso de maneira muito perspicaz, embora incrivelmente triste: "Antes eu achava que meu pai era o meu herói. Agora ele é um idiota. Vive me contando histórias de como era no tempo dele e todo fim de semana me dá sermões sobre beber e dirigir... ele nem sequer sabe que eu nunca faria isso."

Ao acreditar nos meninos, a impressão é de que muitos pais estão ausentes da vida dos filhos, se não física, ao menos emocionalmente. Um tema comum nas conversas que tive com muitos dos alunos foi a falta do que consideravam ser uma verdadeira relação pai-filho. Muitos não tinham contato nenhum, ou apenas um contato esporádico, com os pais. Um número significativo de alunos tinha padrastos. Em alguns casos, essas relações pareciam ser positivas; em outros, claramente não eram.

> – DIGAM ALGO QUE VOCÊS MUDARIAM EM SEU PAI SE PUDESSEM.
>
> – EU O FARIA VOLTAR A TER SENSO DE HUMOR.

Fiquei surpresa com a quantidade de alunos que moravam apenas com o pai e perguntei-me se casais que não vivem mais juntos estão começando a reconhecer os benefícios de construir uma relação pai-filho mais forte quando o menino entra na adolescência. Ou será que as mães simplesmente estão se achando incapazes de lidar com os filhos e colocando-os sob a custódia dos pais na esperança de que eles consigam se sair melhor? Qualquer que seja a razão, é fundamental que, em todas as circunstâncias, a criação dos filhos seja, sempre que possível, uma parceria entre mãe e pai, para que eles tenham a chance real de se tornar bons homens.

Os alunos que tinham os pais fisicamente presentes em sua vida nem sempre os tinham emocionalmente. Muitas vezes durante o projeto, desejei que os pais dos meninos com quem eu conversava estivessem ouvindo na sala ao lado, para que entendessem o quanto os filhos anseiam pela atenção deles.

Para entrar na ponte da adolescência com seu filho não é preciso aprender nenhuma nova habilidade: é só estar na vida dele. Se eu pudesse passar uma única mensagem a todos os pais, seria esta: independentemente do que ele diga ou de como se comporte na superfície, seu filho está atento a cada palavra sua. Ele o observa para ver como um homem deve agir e está desesperado para saber que você realmente o enxerga. Não importa o que vocês fazem juntos: tudo o que ele quer é o seu tempo, nem que sejam cinco minutos por dia. Ele quer que você o note. Um menino descreveu com absoluta alegria e orgulho o que seu pai costuma fazer: vem no fim de cada dia, senta-se à beira de sua cama pouco antes da hora de apagar a luz e pergunta "Como foi seu dia?" Uma conversa de apenas cinco minutos todas as noites permite que esse garoto saiba que seu pai se importa com ele.

Um menino descreveu como seu pai deu início ao hábito de indagar todas as noites: "Que pergunta você fez ao professor hoje?" O garoto disse que, no começo, chegava a perguntar a um professor o que tinha comido no almoço só para ter algo para contar ao pai. Até que um dia conseguiu fazer uma pergunta em classe e ficou entusiasmado porque teria algo para impressionar o pai naquela noite.

Seu filho andaria sobre vidro moído por você; seria um grande favor a ele se você se lembrasse disso. Ele quer saber que, quando estão conversando, você está plenamente presente. Não quer que você largue o trabalho para cuidar dele 24 horas por dia ou que invada completamente o mundo dele – se você fizesse isso, acho que eu não me enganaria em dizer que o deixaria apavorado. O que ele quer é que você saiba qual é a comida favorita dele, de que música ele gosta, quem é seu melhor amigo, do que ele tem medo e quais são seus sonhos. Ele sabe implicitamente que sua mãe tem essas informações, porque é assim que as mães são – de uma maneira ou de outra, nós descobrimos tudo –, mas quer que o pai saiba também.

Um garoto descreveu como tinha ficado entusiasmado com o carro que um colega acabara de comprar, mas, quando convidou o pai para ir lá fora dar uma olhada, a resposta foi: "Para quê? Não gosto de carros." O menino não estava pedindo ao pai para se entusiasmar com carros; só queria trazê-lo para o mundo que entusiasmava a ele. Não tem a ver com o seu mundo; tem a ver com o dele. Você pode não entender por que ele gosta de determinadas coisas, por que não tem os mesmos interesses que você. Meu conselho seria: seja paciente. Na maioria dos casos, ele encontrará o caminho de volta ao que importa e interessa para você, mas boa parte da jornada nesse ponto tem a ver com tentar estabelecer a própria identidade, e um dos testes em que ele o coloca é se você se importa o suficiente para se dispor a entrar no mundo dele.

> SEU FILHO QUER QUE VOCÊ SE CONECTE COM QUEM ELE É AGORA, NÃO COM QUEM VOCÊ TALVEZ QUEIRA QUE ELE SEJA.

Seu filho quer que você se conecte com quem ele é agora, não com quem você talvez queira que ele seja. Pense em entrar no mundo de seu filho sempre que surgir a oportunidade, e ela surgirá. Tenha a consciência de que o simples fato de você ser o pai dele já faz com que seja a pessoa certa para estar ali. Não é preciso acrescentar nenhuma habilidade extra, nem se tornar diferente da pessoa que sempre foi. Basta olhar regularmente para seu filho e pensar em organizar a sua vida de uma maneira que lhe permita passar algum tempo com ele.

A outra coisa que você não tem que fazer é enchê-lo de sermões. Essa necessidade de "agir direito como pai" parece deixar você com a ideia de que, se continuar brincando com ele, estará sendo, de alguma maneira, um pai negligente. É como se agora houvesse uma lista de deveres que você acha que precisa cumprir, dando-lhe lições sobre cada um dos principais temas da vida: álcool, sexo, carros etc. Na verdade, não é preciso fazer preleções. É só estar preparado para responder às dúvidas dele com o máximo de honestidade; se precisar de tempo para refletir sobre a resposta, diga isso a ele. Precisar de tempo para pensar é algo que ele entende perfeitamente bem. Mas, se você de fato precisar de tempo para pensar e disser que voltará com uma resposta, não deixe de fazer isso: manter sua palavra é um dos principais indicadores de que você se importa com seu filho.

Comentei anteriormente que um número significativo de meninos com quem conversei tinha padrastos e a maioria descreveu sua relação com esses homens como um aspecto negativo de sua vida. É difícil ser padrasto de um menino adolescente. Mesmo que você esteja na vida do garoto há muito tempo, quando ele começar suas próprias investigações da masculinidade você ficará sob intensa análise e, sempre que ele ficar bravo por estar sendo controlado da maneira como um menino na entrada da adolescência de fato precisa ser, vai compará-lo ao pai, que inevitavelmente aparecerá como o homem melhor. Mesmo os meninos que disseram ter uma excelente relação com o padrasto, e alguns chegaram a ponto de afirmar, sem constrangimento, que ele era uma pessoa muito legal e que o amavam, diriam em seguida: "mas ele não é meu pai".

Este talvez seja o único conselho real que posso dar a esses padrastos que querem saber o que fazer enquanto o enteado avança para a ponte da adolescência: seja física ou emocionalmente, abra espaço para o pai dele. Se lhe for possível falar sobre o pai, ao menos o mencione. Dessa maneira, estará dando a seu enteado uma oportunidade de juntar as peças. Isso não fará com que ele o ame menos – há amor suficiente para ambos – e, se você estiver preocupado com as escolhas que ele poderá fazer por influência do pai ou da realidade em que vive, diga-lhe isso. Mas diga-lhe objetivamente, e não de maneira a sugerir que o garoto será um idiota se der algum crédito à visão de mundo do pai. Talvez você seja o único capaz de falar com ele sobre o pai de modo objetivo; a mãe dele ainda pode estar envolvida na mágoa ou raiva que estiveram associadas ao rompimento da relação. Nessas circunstâncias, você tem enorme potencial de ser uma influência estabilizadora.

O único outro comentário que eu faria a esse respeito é que, se você estiver há pouco tempo em cena na vida de um menino adolescente e no relacionamento com a mãe dele, vá com cuidado. Não suponha nem por um momento que, pelo fato de você estar com sua mãe, ele tenha algum dever ou responsabilidade em relação a você maior do que teria para com qualquer outro adulto. O fato de você estar com a mãe dele monta o palco para um ambiente emocional fortemente carregado. Em algumas situações, ele o verá como um usurpador do papel do homem da casa. Haverá desafios. Você é o adulto e é você o recém-chegado. Vá com cuidado com ele, dê-lhe algum espaço – muito espaço – e (este é um pedido em nome dele), por favor, não tente se tornar seu pai. Ele o respeitará se você fizer por merecer, mas levará tempo.

Tenho plena consciência de que comecei este capítulo prometendo que não diria aos pais o que fazer, portanto vou pisar com cuidado aqui. Se vocês pedissem minha opinião sobre o seu papel como pai na vida de seu filho adolescente, com base no que os meninos me disseram, eu responderia que devem estar presentes na ponte da adolescência para mostrar ao filho o que é ser homem. Seu papel também é criar oportunidades de aproximação até outros homens, para que ele possa falar com outra pessoa do mesmo sexo sobre os assuntos que, por ser tão pragmático, não puder conversar com você. Aceite o fato de que ele falará com outros homens, porque há alguns assuntos que ele não pode conversar com você (especialmente se você estiver em um relacionamento íntimo com a mãe dele!). Ser um bom pai não significa que seu filho converse com você sobre absolutamente tudo; ser um bom pai é simplesmente estar ali. Aos olhos dele, você é suficiente exatamente do jeito que é, pelo simples fato de ser seu pai; você é especial porque é o único que ele pode chamar de "papai". É só nisso que ele está interessado. Continue a ser quem você é, continue a andar ao lado dele, e ele será o bom homem que tem o potencial para ser. E vocês dois se divertirão muito ao longo do caminho.

- Tudo de que eu de fato precisava nos piores momentos da jornada pela ponte da adolescência com meu filho era que outra mulher olhasse para mim e dissesse: "Ele ficará bem."

- As vozes dos homens não são ouvidas tão claramente quanto deveriam ou poderiam ser e parece aceitável fazer piada com eles.

- Há uma tendência na sociedade a considerar que as opiniões expressas por mulheres estão certas até que se provem erradas e que as expressas por homens estão erradas até que se provem certas.

- Meninas e mulheres certamente são capazes de fazer qualquer coisa, mas não tudo. As mulheres muitas vezes confundem os dois.

- Seu filho quer que você participe, que empurre sua mãe para o lado se for preciso.

- Seus filhos não querem que você seja ninguém mais; só querem que seja seu pai.

> MANUAL DE INSTRUÇÕES PARA PAIS
>
> 1. DEMONSTRE INTERESSE PELO QUE FAZEMOS.
>
> 2. FAÇA PERGUNTAS.
>
> 3. CONFIE EM MIM.
>
> ALUNO DO 7º ANO

- No momento em que não consegue mais levantar do chão se ele não deixar, você diz a si mesmo: "Eu preciso agir direito como pai agora."

- Sempre que possível, a criação dos filhos deve ser uma parceria entre mãe e pai.

- Tudo o que ele quer é o seu tempo, nem que sejam cinco minutos por dia.

- Ele quer que você se conecte com quem ele é agora, não com quem você talvez queira que ele seja.

- Você não precisa fazer preleções. É só responder às dúvidas dele com honestidade e quando ele perguntar.

- Enquanto seu enteado avança para a ponte da adolescência, abra espaço para o pai dele, física ou emocionalmente.

- Não suponha nem por um momento que, pelo fato de você estar com a mãe dele, ele tenha algum dever ou responsabilidade em relação a você maior do que teria para com qualquer outro adulto.

- Os pais devem também permitir que os filhos falem com outros homens sobre os assuntos que eles não podem conversar com seus pais.

CAPÍTULO 11

Crescer como um bom homem: o que é necessário

E assim chega o momento de amarrar os últimos fios de informação e pensar em que outros passos poderíamos dar para ajudar nossos belos meninos a se tornarem bons homens.

O Projeto Bom Homem iniciou com o objetivo de estabelecer uma definição consensual de bom homem que pudesse ser disseminada e que formaria a base para novos trabalhos serem feitos em escolas masculinas sobre ritos de passagem e entrada na vida adulta. Com essa meta em vista, aproveitei todas as oportunidades para pedir aos homens que encontrei e a cada classe de meninos com que conversei que me dissessem quais eles achavam ser as três principais qualidades de um bom homem. Como é fácil imaginar, houve uma variedade de respostas e a extensa lista das qualidades identificadas aparece no final deste capítulo.

Em certa medida, muitas das respostas foram as que eu esperava e/ou desejava, mas houve uma grande surpresa: as três principais qualidades de um bom homem que apareceram foram confiabilidade, lealdade e senso de humor. Aceitei sem problemas as duas primeiras; no entanto, sempre que senso de humor era mencionado, eu tentava descartar a ideia, ressaltando que era uma boa qualidade para ter, embora não algo que fosse parte intrínseca de ser um bom homem. No fim, porém, fui forçada a ceder, especialmente depois da declaração dos meninos de que, se pudessem, fariam com que os pais voltassem a ter senso de humor. Além disso, conforme o projeto avançava, pude observar como é grande a presença do humor na vida dos homens. Onde quer que eles estejam, o humor está lá também. Por mais que se esforcem, as mulheres que querem que uma situação seja levada a sério geralmente acabam por perceber que estão lutando contra a maré. Os homens farão o que precisa ser feito, lidarão muito bem com as situações sérias e solenes, e, se houver alguma chance de trazer o humor para uma situação sem perturbar o resultado final, eles certamente darão um jeito para isso.

Não foi preciso muito tempo para que os diretores e eu concordássemos em abandonar a ideia de desenvolver uma definição de bom homem. Logo ficou evidente que estávamos à procura de algo fluido demais para ser estabelecido em poucas palavras e que tentar fazer isso talvez reforçasse estereótipos masculinos que trabalhariam contra o nosso objetivo básico de libertar os meninos para explorar o que significa ser um bom homem. Uma definição concreta poderia causar mais mal do que bem e interromper um exame contínuo do conceito de masculinidade no século 21.

> OS HOMENS TÊM A NECESSIDADE/DESEJO DE PERTENCER A ALGO MAIOR DO QUE ELES, DE SE VER COMO PARTE DE UM TODO.

Ao avaliar as três qualidades principais de confiabilidade, lealdade e senso de humor, é possível apresentar o argumento de que elas não são qualidades exclusivas dos homens. Mulheres podem ser leais, mulheres podem ser confiáveis e confiar e mulheres têm senso de humor – talvez este não seja tão presente quanto o dos homens em alguns casos, mas nós o temos. Haveria realmente diferenças nos atributos considerados qualidades ideais para bons homens e para boas mulheres e, se houver, onde estão essas diferenças? Minhas reflexões sobre esse tema ainda não estão muito desenvolvidas, mas o que penso no momento é que as diferenças não estão nas qualidades em si, mas em como elas se manifestam.

Por exemplo, o que é a lealdade para mim, uma mulher? Lealdade é quando telefono a uma amiga e lhe digo que preciso conversar e ela se prontifica a me ouvir o mais rápido possível, sem parar para perguntar se a situação é realmente urgente. Lealdade é, então, o fato de ela me ouvir sem fazer julgamentos, por mais tola que eu esteja sendo na situação que descrevo. Como já mencionei, quando perguntei a um grupo de meninos o que era lealdade, eles disseram que era ficar ao lado dos amigos em situações de risco.

E é aí que podemos começar a trabalhar em nossas tentativas de manter nossos meninos vivos. Sabendo que, aos olhos deles, a lealdade é vista como parte de ser homem e significa ficar ao lado dos companheiros, podemos entender um pouco melhor por que eles pisam fundo no acelerador quando os melhores amigos lhes pedem isso. Eles não pensam no risco que estão correndo; pensam em ser um homem e em ser leais, e, assim, eles e os amigos morrem quando enfiam o carro em árvores ou postes de luz. Temos que levá-los a compreender que lealdade é manter os amigos seguros; é parar no sinal amarelo e ficar dentro dos limites de velocidade.

Embora eu acredite que a maioria das características listadas no fim do capítulo possa ser aplicada tanto a homens como a mulheres, há uma que acho que poderia ser exclusiva dos homens, ou pelo menos mais aplicável a homens que a mulheres. É a necessidade e/ou desejo dos homens de pertencer a algo maior do que eles, de se ver como parte de um todo. As palavras ou expressões que me foram apresentadas pelos homens e meninos com quem conversei incluíram "comprometido com", "pertencente a", "ser parte de algo", "frequentar" e "participar". Os homens a que pedi que pensassem em que ponto da vida haviam se tornado homens muitas vezes diziam que tinha sido quando o pai morreu. Um homem permanece ligado ao passado por meio do pai e ao futuro, por meio dos filhos; e seu lugar no mundo é definido pela linha que se estende entre os três. Quando o pai morre e ele é forçado a se posicionar em um ponto diferente nessa linha, seu mundo muda e, aos próprios olhos, ele finalmente se torna um homem, mesmo que já o seja há algum tempo na visão dos outros.

Como sociedade, acho que andamos presos à ideia de que a falta de modelos masculinos positivos fortemente visíveis está contribuindo para nossas altas taxas de suicídio, prisão e morte em acidentes de trânsito entre rapazes. Antes do Projeto Bom Homem, eu compartilhava dessa opinião, mas, depois de minhas conversas com os meninos, já não estou muito segura disso.

Perguntei várias vezes aos alunos quem eles viam como modelo e quem influenciava sua visão do que é ser um bom homem e, quase sempre, eles respondiam de uma maneira que separava os homens de seu círculo imediato dos chamados modelos da esfera pública. Faziam uma nítida distinção entre os homens que admiravam e aqueles com quem queriam de fato ser parecidos e deixavam muito claro em suas declarações que precisavam conhecer um homem pessoalmente antes de poder decidir se ele merecia ou não ser descrito como um bom homem.

Em nossas conversas, eles identificaram três grupos distintos de homens, cada um dos quais lhes servia de modelo de maneira diferente. Havia os homens que tinham acesso ao que os alunos poderiam querer mais tarde na vida (dinheiro, carro, poder); os homens que haviam alcançado excelência em sua área de interesse específica; e os homens com quem eles de fato poderiam querer ser parecidos.

Na primeira categoria, falaram de homens do cenário público, geralmente figuras internacionais, entre eles o astro do futebol David Beckham e vários artistas. Esses homens eram considerados modelos pela riqueza, pela vida glamorosa que levavam (carros e mulheres apareciam com grande peso na avaliação desse fator pelos garotos) e pelo fato de serem ricos o bastante para sempre estarem onde queriam estar, fazendo o que queriam fazer.

Na segunda categoria, falaram de esportistas como o automobilista Michael Schumacher e jogadores de destaque no rúgbi e no críquete. Era sua excelência na carreira que fazia os meninos verem esses homens como modelos: eles admiravam sua disposição de se dedicar a algo e se empenhar nisso.

Tendo identificado essas duas categorias e a diferença entre ambas, eu perguntava se esses homens eram bons homens. Os meninos invariavelmente respondiam de maneira pragmática: "Não sei, eu não os conheço." Ou seja, eles não podiam responder a essa pergunta porque não tinham ideia do tipo de pessoa que esses homens realmente eram.

Foi isso que me levou à terceira categoria, que me sinto inclinada a chamar de heróis. Esses eram os homens que eles conheciam pessoalmente, os homens cujo exemplo realmente desejavam seguir. Nesse grupo estavam os avôs, os tios, os irmãos mais velhos e os irmãos mais velhos de seus amigos, os professores e treinadores e, em raras ocasiões, seus pais. É aqui, e não na arena pública, que deveríamos procurar modelos masculinos positivos potenciais.

Compreendi melhor como os meninos diferenciam entre homens que estariam em posições de modelos públicos e homens que de fato influenciam seu comportamento no dia a dia quando, durante o projeto, um famoso jogador de críquete neozelandês apareceu na primeira página de um jornal de domingo depois de ter se envolvido em um incidente numa boate sul-africana durante uma excursão com os Black Caps. Por estar tão imersa nas questões associadas a meninos adolescentes, irritei-me com isso, imaginando que não seria nada útil ter um esportista de destaque comportando-se dessa maneira. Mas eu poderia ter poupado energia. Quando abordei o assunto com um grupo de alunos, expressando a opinião de que esse jogador havia lhes dado um mau exemplo, eles me encararam como se não estivessem entendendo: não tinham a menor ideia do motivo de eu estar tão preocupada.

Conforme eu expandia meus pensamentos sobre ele ser um modelo ruim e assim por diante, eles começaram a rebater todos os argumentos que eu propunha em apoio à minha crença de que o comportamento tinha sido inadequado – "Ainda faltavam nove dias para o próximo jogo", "Não se pode acreditar em tudo que dizem nos jornais", "Se ele não fosse famoso, a imprensa não estaria pegando no pé dele." Os meninos concordaram que não iam querer, e nem poderiam, se comportar desse modo quando estivessem viajando com a equipe esportiva da escola, porque isso aborreceria os colegas de time. Mas o fato não prejudicou em nada sua crença de que, apesar desse comportamento, esse jogador era legal e o que havia acontecido na boate, o que quer que tenha sido, era irrelevante para a questão principal: a capacidade de ser um bom jogador de críquete e representar seu país.

Eu achei, como muitos outros adultos achariam, que os meninos iriam avaliar o comportamento do jogador e decidir que, se ele podia fazer isso, então eles também poderiam. Para os meninos com quem conversei, nada poderia estar mais distante da verdade. Eles viviam de acordo com expectativas diferentes, seu comportamento era motivado pela lealdade aos colegas e eles separavam o comportamento desse suposto modelo do fato de que ele jogava bem e, portanto, representava honrosamente o seu país. Seu senso de justiça também era evidente. Aos seus olhos, esse rapaz só estava sendo visado por ser muito conhecido e não se devia confiar plenamente no que era publicado nos jornais.

Foi essa conversa que me levou a questionar se a suposta falta de modelos masculinos positivos altamente visíveis de fato contribui para nossas estatísticas negativas entre os jovens. Bons modelos são importantes; não há dúvida quanto a isso. Homens como John Eales ajudam a identificar caminhos futuros possíveis para os garotos. Mas acredito agora que a verdadeira resposta para problemas como suicídio juvenil, delitos e prisões e o número crescente de mortes de jovens em acidentes de trânsito está no fortalecimento dos vínculos dos meninos com os bons homens de seu círculo imediato – seus heróis – e em ajudar os pais a continuar sendo heróis e influências positivas na vida dos filhos.

A resposta também está em ouvir histórias de homens comuns do tecido cultural de nossa sociedade. Durante o projeto, estive uma noite com os diretores participantes em que cada um deles falou por cinco a dez minutos, contando histórias de quando haviam se tornado homens. Essa sempre será uma das noites mais memoráveis de minha vida. Ver homens adultos resgatando lembranças para encontrar o momento e, então, as palavras para compartilhá-lo com os colegas foi conhecer a força, o humor e o puro prazer de homens seguros de ser quem são e o que são. Se os homens puderem começar a compartilhar essas histórias com os filhos, com outros homens e, talvez, até mesmo com a esposas e companheira, e se pudermos valorizar essas histórias em nossa sociedade da forma como elas merecem, estaremos dando um passo importante para guiar nossos jovens com sucesso pela ponte da adolescência e para a vida adulta.

Mas, em termos de fortalecer os vínculos dos meninos com os bons homens de seu círculo imediato, surge outro dilema. Se o desafio é nossa capacidade de colocar heróis, bons homens, na vida dos meninos, vamos ter que lidar, e logo, com o problema de trazer mais homens para o ensino, e em todos os níveis. Há várias razões para a escassez de professores homens nos primeiros níveis escolares, uma das quais são os ditames do politicamente correto que vêm nos estrangulando como sociedade. As soluções não serão fáceis de encontrar, mas encontrá-las é uma necessidade.

> ACREDITO QUE AS OPORTUNIDADES DE CRIAR RITOS DE PASSAGEM POSITIVOS PARA OS MENINOS ESTEJAM PRESENTES DENTRO DAS ESTRUTURAS TANTO DE ESCOLAS MASCULINAS COMO DE ESCOLAS MISTAS.

E quanto aos ritos de passagem propriamente ditos? O que está sendo feito ou poderia ser feito para permitir que os meninos reconheçam que estão a caminho da vida adulta?

Todas as escolas masculinas que visitei durante o Projeto Bom Homem dedicavam muito tempo e esforço a celebrar a excelência, tanto nas assembleias da escola como em outras ocasiões. Os meninos ouviam habitualmente uma linguagem positiva sobre a masculinidade; eram regularmente expostos a conversas que afirmavam o valor de ser homem. E viam evidências de sucesso pelo esforço cotidiano nas fotos e placas nas paredes e nas estantes de troféus. Foi isso que me fez focar a necessidade de proporcionar aos meninos ritos de passagem positivos que pudessem substituir outros potencialmente fatais, como álcool, drogas e carros velozes (ou uma mistura dos três).

Acredito que as oportunidades de criar ritos de passagem positivos para os meninos estejam presentes dentro das estruturas tanto de escolas masculinas como de escolas mistas. A entrada na escola no 7º ano, a transição para o 11º ano e a passagem do 11º para o 12º ano parecem ser portões naturais que as escolas podem realçar e usar – e muitas escolas masculinas já estão fazendo isso.

O menino do 7º ano precisa de afirmação, afirmação explícita, de que, quando chega às portas da escola secundária pela primeira vez, está entrando na ponte da adolescência. Como eu disse antes, ele tem os olhos erguidos para os alunos mais velhos, pensando na jornada à frente. Da maneira que funcione melhor, de acordo com o ambiente específico da escola, é importante conscientizá-lo tanto quanto possível da importância desse momento.

Os próprios meninos comentaram o impacto de se tornar um aluno dos últimos anos e perceber que estavam se aproximando da vida adulta e de níveis maiores de responsabilidade pessoal. Em certo grau, a transição para o nível sênior (os dois últimos anos) é o momento em que o aluno realmente decide ser parte da escola como um todo. Nesse ponto, ele está de fato escolhendo permanecer na escola, já que não precisa mais estar ali. A maioria dos meninos de 11º ano com quem conversei confirmou que isso fazia diferença em sua atitude. Concordaram que ir para o 11º ano também significava mais trabalho, embora tivessem mais escolha sobre se e quando fariam o trabalho pedido. Havia consenso, porém, de que a passagem do 11º para o 12º ano era a maior para eles, o ponto em que ficavam perceptivelmente mais no controle da própria vida.

As várias escolas que visitei marcavam a entrada no nível sênior de maneiras ligeiramente diferentes. Havia a mudança de uniforme e os garotos desses anos muitas vezes tinham o próprio espaço dentro da escola e/ou podiam sair dela sem ter que pedir permissão. Os sistemas de representantes de classe assumiam formas diferentes em cada instituição, com algumas adotando a ideia de líderes e mentores.

Outro rito de passagem perceptível nas escolas masculinas era a graduação dos alunos de 12º ano, com frequência comemorada em grande estilo. Esse rito de passagem é algo que todas as escolas pareciam valorizar, com um claro senso de história e tradição, de que os garotos visivelmente gostavam.

Competência emocional, resistência emocional, segurança emocional – essas expressões foram parte da conversa quando os diretores e eu discutimos as necessidades dos meninos antes de pôr em marcha o Projeto Bom Homem. Competência emocional era a expressão que estávamos usando no início do projeto, com a qual todos pareciam se sentir mais confortáveis. No entanto, com o passar do tempo, começamos a questionar se esse era de fato o modo certo de expressar o que eles estavam buscando para seus alunos. Parecia sugerir a necessidade de ter um número significativo de palavras à mão para descrever os sentimentos que uma pessoa estivesse vivendo. Depois de muita discussão, os diretores decidiram que prefeririam trabalhar com a expressão segurança emocional. Era isso que eles queriam para seus alunos.

O que é segurança emocional? Como ela difere da competência emocional? Esta é a definição com que concordaram os diretores: a capacidade de fazer e responder perguntas que requeiram reflexão; a capacidade de pensar no mundo à sua volta e no lugar que ocupam nele; e a capacidade de encontrar a linguagem para descrever como veem esse mundo. Focar a segurança emocional em vez da competência emocional significa não só ter uma série de opções à mão na hora de procurar uma palavra para explicar um sentimento, mas também a liberdade de decidir se falar é ou não necessário e, se for, o que precisa ser dito.

Nas conversas iniciais com os alunos, surpreendi-me ao perceber quantos deles pareciam não dispor de um repertório de palavras satisfatório: não é que eles não tivessem nada a dizer, apenas que não tinham as palavras para dizer o que queriam. As pausas, a repetição de certas palavras batidas, o dar de ombros se usavam uma resposta monossilábica e eu insistia com outra pergunta – tudo isso parecia indicar uma incapacidade de encontrar as palavras (o que não deve ser confundido com a necessidade de fazer uma pausa e pensar antes de responder).

O contraste entre os sexos nessa área ficou evidente quando visitei uma escola que incorporava meninas no nível sênior e passei algum tempo com um grupo de garotas, fazendo-lhes o mesmo tipo de perguntas que tinha feito aos meninos. Só tive que fazer às meninas uma ou duas perguntas e todo o tempo disponível foi preenchido com conversas e discussões. Não era necessário estimulá-las a falar: elas só precisavam saber a direção que eu desejava para a discussão antes de assumirem o controle.

Parte do que eu estava vendo era diretamente atribuível a uma diferença básica entre os gêneros: a maioria das mulheres que conheço parece não ter dificuldade (pelo menos aos olhos dos homens) para expressar uma opinião ou descrever suas emoções. Mas passei a acreditar que pelo menos parte da diferença que eu notava era resultado direto de os meninos não terem um repertório de palavras adequado.

Com frequência, quando se pergunta a um menino adolescente como ele está ou como foi seu dia, ele responde com uma única palavra: "bem". Se for sua mãe, ou talvez outra mulher, que estiver fazendo a pergunta, ela tenderá a esperar alguma expansão do conceito de "bem" e, se não vier nada, continuará a fazer outras perguntas até obter o que considera ser informação suficiente. (Ela geralmente fará essas perguntas adicionais olhando com atenção para o rosto do menino, o que já garante que não conseguirá muita informação extra.) Não precisamos expandir o estoque de palavras dos meninos adolescentes para que eles respondam satisfatoriamente às perguntas de suas mães – na verdade, eles não querem respondê-las, por razões já explicadas –, mas temos que trabalhar para que eles disponham da amplitude de vocabulário necessária quando precisarem dele.

Há duas razões, em minha opinião, pelas quais as mães em geral não se satisfazem com a resposta "bem". A primeira é que elas ainda veem seu filho como o menininho que lhes fazia confidências. O jovem de pé na frente delas se parece com seu filho, mas, de repente, não age mais como sempre agiu. Essa interrupção da comunicação é assustadora para as mães. Elas já sabiam, pelas histórias de outros membros da família e pelos meios de comunicação, que os meninos mudam quando se tornam adolescentes, mas nunca se deram conta de que também seus filhos desapareceriam por trás da parede da adolescência. É o pânico que as leva a interrogar os filhos, pânico que elas acreditam que só possa ser acalmado se obtiverem mais informações.

A segunda razão que leva as mães a não pararem de fazer perguntas é o fato de estarem acostumadas com o fluxo da linguagem. Mulheres (e eu me incluo aqui) não ficarão satisfeitas com uma palavra quando dez seriam melhores. Como característica do gênero, nós, mulheres, adoramos falar e, quando a vida nos apresenta um desafio, nós o enfrentamos falando. Discutimos problemas com nossos colegas, nosso melhor amigo ou amigos, nosso médico – e, às vezes, com qualquer um que se disponha a nos ouvir. É dessa maneira que encontramos soluções e, como essa é a nossa experiência, muitas vezes pressupomos que falar com os filhos acalmará a sensação de pânico que sentimos quando eles dão sinais de estarem se aproximando da adolescência. Com base em minha própria experiência e nas muitas conversas que tive com as mães de meninos, parece que nós, mulheres, convencemos a nós mesmas que, se continuarmos falando com nossos meninos, tudo ficará bem. Não faz diferença se os meninos não respondem de boa vontade; isso só nos deixa ainda mais determinadas a continuar fazendo perguntas.

> MUITOS HOMENS COM QUEM CONVERSEI, TANTO PAIS COMO PROFESSORES, DISSERAM QUE COM FREQUÊNCIA SENTIAM QUE UMA RESPOSTA DE UMA SÓ PALAVRA A UMA PERGUNTA ERA SUFICIENTE.

Em contraste com as reações das mães à resposta "bem", quando conversei com os diretores e pais houve consenso entre eles de que há ocasiões em que isso é tudo que os meninos precisam ou querem dizer – e que o mesmo se aplica aos homens adultos. Muitos homens com quem conversei, tanto pais como professores, disseram que com frequência sentiam que uma resposta de uma só palavra a uma pergunta era suficiente, embora a esposa ou companheira fossem completamente incapazes de entender por quê.

Nas alas das prisões masculinas, eu percebia repetidamente que, quando as emoções de um homem, em particular a raiva, eram despertadas e ele não encontrava as palavras para expressar o que estava sentindo, ele dava de ombros ou ia embora ou, se estivesse irritado demais, usava os punhos. Em algumas ocasiões, vi o mesmo acontecer, embora em grau menor, nas classes das escolas masculinas.

Não estive nem perto de situações que evoluíssem para brigas, mas muitas vezes vi alunos, incomodados com a incapacidade de encontrar uma palavra ou sequência de palavras para explicar uma ideia que tinham na cabeça, acabarem dando de ombros e desistindo, recolhendo-se por trás de uma resposta monossilábica e ampliando uma sempre-presente sensação de frustração. Em algumas ocasiões, vi-os rebater essa frustração escolhendo outro menino como alvo, verbal ou fisicamente, com frequência provocando danos substanciais no processo.

Enquanto observava um menino tentando formular uma ideia na cabeça e enquanto refletia sobre a vulnerabilidade dos garotos, comecei a pensar em quantos jovens talvez dessem um fim à própria vida por não conseguir encontrar as palavras para dizer o que queriam às pessoas que realmente lhe importavam.

Os belos meninos que hoje frequentam as escolas secundárias vão sair delas e se deparar com um mundo complexo e em constante transformação. A expectativa é que saibam lidar com uma ampla variedade de situações e que consigam administrar os relacionamentos com a companheira, os filhos e os chefes, entre outros. Para desenvolverem a segurança emocional de que necessitam, eles precisam ter um repertório de palavras adequado.

Resta uma última questão a ser abordada: a homossexualidade e a homofobia, facilmente detectáveis nas escolas que visitei. Comentei a linguagem de insulto corrente em todas as escolas e que apresentava, quase toda ela, palavras que se referiam à homossexualidade de maneira depreciativa. Palavras como "gay", "bicha", "veado" e "frutinha" eram usadas regularmente pelos alunos ao conversarem entre si e com os outros e também nas discussões dentro da escola.

Sempre que eu mencionava o uso dessa linguagem com os alunos, eles eram rápidos em destacar que não estavam de fato acusando o menino de quem falavam de ser homossexual. Estavam tentando, quase sempre, importunar e, ocasionalmente, ferir alguém, com frequência um dos próprios amigos. Quando eu lhes perguntava quando haviam começado a usar linguagem insultuosa como forma de se comunicar com outros meninos, a resposta habitual era "no intermediário" (os dois anos antes da escola secundária). Quando indaguei a um grupo de alunos por que eles usavam linguagem ligada à homossexualidade como insulto, eles responderam que era porque ser gay "é o pior que se pode ser". Esse sentimento foi ecoado em várias outras ocasiões.

Em certa medida, era possível entender por que essa linguagem específica tornara-se tão corrente. Os alunos de escolas masculinas eram muitas vezes escolhidos como alvos para ataques de alunos de escolas mistas e todos os insultos focavam a questão da homossexualidade – o pressuposto era de que apenas meninos gays frequentariam uma escola só de meninos. Alguns alunos comentaram que eram provocados com piadas sobre terem zíperes nos dois lados da calça; outros contaram que ouviam gozações por estudar na "escola de frescos". Mas essa linguagem de insulto não está de forma alguma restrita a escolas masculinas. Ela parece ser uma característica da cultura jovem atual: é muito comum ouvir jovens descreverem algo negativo como "gay".

Fiquei intrigada com o fato de os alunos que eu estava conhecendo demonstrarem um nível tão alto de homofobia e passei algum tempo conversando com eles sobre isso. Era, acima de tudo, um caso de aprender com os colegas: ele usou o termo, os outros riram e todos acham que ele é legal, então vou usar também. A maioria dos alunos parecia ter aprendido com os colegas, mas alguns tinham copiado de irmãos mais velhos.

Houve momentos durante o projeto em que fiquei com a impressão de que os meninos consideravam a homossexualidade como algo que eles corriam um risco extremo de pegar e que, se não fizessem algo, ficariam marcados e se tornariam "isso". O pragmatismo inato dos meninos parecia contribuir para o horror à ideia de que pudessem ser gays: sempre que o assunto surgia, eles se concentravam exclusivamente no aspecto físico de relacionamentos homossexuais, em vez de considerar alguma das questões mais amplas.

Não sei dizer a razão pela qual tanto temem a homossexualidade. Talvez uma ereção em um momento impróprio no vestiário os tenha deixado em dúvida. Seja como for, era evidente que o pouco conhecimento que tinham já era potencialmente perigoso e tendia a levá-los ao caminho de provar que não eram gays. Isso era feito pela busca ativa de garotas e exibindo o que consideravam ser comportamentos ostensivamente "machos", como beber até ficar bêbados e dirigir em alta velocidade.

É necessário pôr em questão todo o conjunto de pressupostos que está por trás do uso da linguagem homofóbica pelos meninos. Por um lado, esses pressupostos tornam o ambiente escolar inseguro para qualquer aluno que possa estar em dúvida quanto à sua orientação sexual (e acredito que muitos estejam, mesmo que apenas temporariamente). Por outro lado, muitos dos alunos que frequentam essas escolas trabalharão futuramente em posições de destaque na comunidade e, se não tiverem suas crenças questionadas, levarão esses pressupostos consigo para o ambiente de trabalho.

Não há como negar que a homofobia ostensivamente demonstrada pelos meninos adolescentes é influenciada pelas ideias dos homens adultos à sua volta. Até que os homens se mostrem dispostos a confrontar a própria homofobia, e as razões dela, não veremos nenhuma melhora no comportamento e na atitude dos meninos adolescentes nesse aspecto. Não estou pedindo que os homens apoiem a homossexualidade, se isso for algo que eles próprios tiverem dificuldade para entender ou lidar dentro de si. O que estou pedindo é que tenham a coragem de identificar qualquer preconceito que porventura sintam e que não queiram que os filhos adotem antes de terem a chance de formar as próprias opiniões.

Em um artigo recente de jornal, um jornalista neozelandês usou palavras que resumem muito eficazmente a realidade dos meninos adolescentes: "Homens jovens pela lei, meninos pela natureza". Isso é de fato o que eles são. Temos o desafio de encontrar o equilíbrio ideal entre deixá-los crescer em direção ao seu potencial e mantê-los seguros quando forem incapazes ou não estiverem dispostos a fazê-lo por si mesmos. É um desafio complexo e, em muitos casos, continuaremos a errar pelo caminho. O que precisamos lembrar é que só podemos ter sucesso, mães e pais, pais/mães e madrastas/padrastos, pais/mães e professores, se nos dermos as mãos. Não vamos conseguir sozinhos.

Esses belos meninos estão no processo de se tornar bons homens. Eles contribuirão muito para o mundo que os aguarda se nós, os adultos de sua vida, fizermos nosso trabalho da melhor maneira que pudermos.

- Os homens precisam e/ou desejam pertencer a algo maior do que eles, ver-se como parte de um todo.

- Os meninos fazem distinção muito nítida entre os homens que admiram e aqueles com quem querem de fato ser parecidos. Eles precisam conhecer um homem pessoalmente antes de poder decidir se ele merece ou não ser descrito como um bom homem.

- Deveríamos procurar modelos masculinos positivos potenciais, heróis, não na arena pública, mas entre os homens que estão na vida de nossos meninos: seus avôs, tios, irmãos mais velhos, professores e treinadores e, acima de tudo, seus pais.

- Tanto as escolas masculinas como as mistas têm, dentro de sua estrutura, oportunidades de criar ritos de passagem positivos para os meninos.

- Segurança emocional é a capacidade de os meninos fazerem e responderem perguntas que requeiram reflexão; a capacidade de pensar no mundo à sua volta e no lugar que ocupam nele; e a capacidade de encontrar a linguagem para descrever como veem esse mundo.

- Muitos meninos não dispõem de um repertório de palavras satisfatório.

- As mulheres convencem a si mesmas de que, se continuarem falando com seus meninos, tudo ficará bem.

- Quantos jovens talvez deem um fim à própria vida por não conseguirem encontrar as palavras para dizer o que desejam às pessoas que realmente lhes importam?

- A homossexualidade está ligada a insulto porque, para os meninos, ser gay "é o pior que se pode ser".

- Os meninos pensam que a homossexualidade é algo que eles correm um risco extremo de pegar.

- Até que os homens confrontem a própria homofobia e as razões dela, não veremos nenhuma melhora no comportamento e na atitude dos meninos.

Características de um bom homem

Confiável
Leal
Bem-humorado

⟵

Tranquilo
Motivado
Honesto

⟵

Tem sonhos e metas
Trabalhador
Generoso

⟵

Solidário
Humilde
Independente

⟵

Respeitado
Respeito aos outros
Dá bom exemplo

⟵

Capaz de perseverar
Capaz de liderar
Capaz de perdoar

Tem a força para expressar suas emoções
Tem princípios – defende aquilo em que acredita
É forte o bastante para saber quando pedir ajuda

←

Autoconfiante (vai em frente)
Tem a coragem de ser quem ele é (sabe quem ele é)
Cumpre o que promete
Comprometido com pertencer a algo
É parte de algo
Frequenta
Participa

←

Traz sentido para uma situação
Traz humor para uma situação
Questiona as convenções

Seguro
Transmite autoridade
Busca sua singularidade

←

Humor, humor, humor
Capaz de relacionamentos duradouros
Aceita correr riscos

←

Objetivo ao falar
Honesto
Compreensivo

Gosta da própria energia física
Controla a raiva
Demonstra amor

⟵

Escuta
Expressa os sentimentos
Sabe reduzir o ritmo e desfrutar da própria companhia

⟵

Sabe rir de si mesmo

⟵

Sabe se divertir sem álcool

⟵

Bons homens não ficam emburrados.

A autora

Pesquisadora e comentarista social, Celia Lashlie trabalhou por 15 anos dentro do sistema prisional, tendo começado em dezembro de 1985 como a primeira mulher a atuar como agente penitenciária em uma prisão masculina na Nova Zelândia. Sua última função dentro do serviço prisional foi como administradora do Presídio Feminino Christchurch, cargo que deixou em setembro de 1999.

Celia, que é formada em Antropologia e Maori, é mãe de dois filhos adultos. Hoje trabalha em vários projetos, todos comprometidos em melhorar a vida de crianças em situação de risco e em criar condições para que as famílias encontrem as próprias soluções para os desafios que enfrentam.

Em setembro de 2004, completou o Projeto Bom Homem. O projeto, que incentivou discussões entre e dentro de 25 escolas masculinas por toda a Nova Zelândia, visava criar uma definição operacional do que significa ser um bom homem no século 21.

O resultado do projeto foi um insight importante da mente dos meninos adolescentes e do que eles sentem nesse período da vida. Há também algumas sugestões desafiadoras para pais e mães e um pedido para que as mulheres, em particular, repensem o modo como interagem com os homens de seu círculo – seus filhos e maridos – a fim de ver os filhos se tornarem os bons homens que desejam que eles sejam.

O primeiro livro de Celia Lashlie, *The Journey to Prison: Who Goes and Why*, foi um campeão de vendas e sucesso de crítica. A ele seguiu-se *Antes que seja tarde*, que manteve uma alta vendagem desde sua publicação inicial. A edição australiana é a segunda edição do livro e Celia continua a trabalhar com as questões aqui abordadas e outras similares junto a escolas e pais na Austrália e na Nova Zelândia.

CONHEÇA OUTROS LIVROS

Com mais de 30 anos de pesquisa sobre a vitamina D, o Prof. dr. Michael Holick explica e comprova em *Vitamina D – como um tratamento tão simples pode reverter doenças tão importantes* por que a exposição controlada ao sol, uma dieta com alimentos ricos em vitamina D e exercícios melhora a qualidade de vida e ajuda a prevenir muitas doenças. O tratamento proposto pelo dr. Holick pode ser seguido por todos, desde pessoas saudáveis que buscam a prevenção de doenças crônicas até os que precisam se recuperar de algum problema de saúde. Bastam algumas pequenas mudanças nos hábitos.

Alguns assuntos e explicações que você irá encontrar em *Vitamina D – como um tratamento tão simples pode reverter doenças tão importantes*:

- Qual a relação entre vitamina D, câncer, doenças cardíacas e colesterol.
- Diagnósticos de fadiga crônica, insônia ou de depressão podem estar relacionados à falta desse hormônio.
- A vitamina D protege adultos e crianças de doenças ósseas graves.
- Adolescentes com deficiência dessa vitamina correm mais risco de ter hipertensão e alta taxa de glicose no sangue.
- Como uma "dose" diária de sol pode ajudar a evitar doenças crônicas como diabetes, artrite, esclerose múltipla e outras condições autoimunes.

DA EDITORA FUNDAMENTO

A puberdade pode ser uma fase confusa. Imagine, então, se é você quem está passando por ela! Este livro é cheio de perguntas reais, feitas por garotos e garotas como você, sobre as mais cabeludas – e peludas – situações da puberdade. O que eu faço se ficar menstruada na sala de aula? Quando é que eu vou poder começar a fazer a barba? Por que ficamos tão desengonçados nessa fase? Afinal, o que é sexo?

Use este livro como guia para desvendar as suas dúvidas sobre mudanças no corpo, relacionamentos amorosos, como conversar com seus pais, lidar com seus amigos e todas as outras importantes descobertas do processo de se tornar um adolescente.

Também é recomendado para pais e tutores que querem entender um pouquinho melhor como funciona a mente dessa turma.

Editora FUNDAMENTO

CONHEÇA OUTROS TÍTULOS DA EDITORA FUNDAMENTO

A adolescência mudou. Os jovens entram na puberdade mais cedo e só vão sair da casa dos pais bem mais tarde. A sociedade moderna gostaria que eles logo alcançassem o amadurecimento emocional. Mas isso não é simples... A boa nova é que o livro revela os conhecimentos e estratégias de que os pais tanto precisam. O livro aborda temas como oferecer aos jovens um ambiente onde se sintam protegidos e valorizados, como comunicar-se com seu filho, de forma que ele possa se expressar, sem medo e como prevenir problemas de depressão, namoros e sexualidade, drogas e distúrbios alimentares, antes que se transformem em grandes crises.

"*Criando Adolescentes* é um livro espetacular emocionante, prático e abrangente. Especialmente útil para descobrir o que dizer e o que não dizer, para aperfeiçoar a comunicação entre pais e filhos. Os autores são grandes conhecedores das necessidades e dos interesses dos adolescentes; tão vulneráveis, mas tão maravilhosos." Steve Biddulph, autor de *Criando Meninos*.